微信营销策略
深度解析

吴会朝 编著

化学工业出版社

·北京·

《微信营销策略深度解析》涵盖了您所想知道的微信营销常识，也容纳了众多您所不知道的微信营销实战策略和技巧，更展示了餐饮、家电、房地产、金融、服装、娱乐等众多行业的微信营销实战案例。从这些内容中，您都能找出利用微信营销赚钱、创业、创富的金点子，挖掘出微信营销的致富之路。

要想打好这场仗，就不能不了解微信营销的形势和战略。本书以全方位的视角，从理论到案例，用最易懂的语言，并配合众多图片，告诉您什么是微信营销，如何进行微信营销。

《微信营销策略深度解析》为您讲述了微信营销的优势和功能，它与传统营销模式的区别，全面盘点如何利用微信进行营销的战略战术，更有个人草根一族利用微信创富的案例展示，为您打开一扇新的营销之门，助您在微信营销战场一臂之力。

所以，无论您是普通大众，还是明星名人、企业老板、员工，抑或是创业者，阅读此书，您都能找到属于自己的营销策略，开发出更多的客户，创造更多的财富。

图书在版编目（CIP）数据

微信营销策略深度解析/吴会朝编著．—北京：化学工业出版社，2019.7
　ISBN 978-7-122-34285-0

　Ⅰ.①微⋯　Ⅱ.①吴⋯　Ⅲ.①网络营销　Ⅳ.①F713.365.2

中国版本图书馆CIP数据核字（2019）第066389号

责任编辑：高　震　刘　丹　　　　　　　装帧设计：王晓宇
责任校对：宋　夏

出版发行：化学工业出版社（北京市东城区青年湖南街13号　邮政编码100011）
印　　刷：三河市延风印装有限公司
装　　订：三河市宇新装订厂
710mm×1000mm　1/16　印张13　字数134千字　2019年8月北京第1版第1次印刷

购书咨询：010-64518888　　　　　　　　售后服务：010-64518899
网　　址：http://www.cip.com.cn
凡购买本书，如有缺损质量问题，本社销售中心负责调换。

定　　价：49.80元　　　　　　　　　　　　　　　　　版权所有　违者必究

前言 FOREWORD

自微信这种全新的交流工具、营销工具诞生后，短短一年的时间里，就拥有了1亿用户，两年突破了4亿用户。微信的出现正在悄然改变着这个时代，它给人们的交流方式以及社交方式带来了很大变化，同时也给人们带来了新的传播理念。微信凭借可观的用户数量，强大的互动平台以及低廉的营销成本，已经成为取代众多传统营销模式的新营销战场。

微信给人们的生活带来了巨大的便利。交友、娱乐、购物，或者找人拼车、拼饭，微信都在突出它的便利性，更加彰显了运用微信一族的时尚性，更为重要的是，微信给营销带来了一场革命。微信为企业提供了便捷的公众号和技术开发平台，企业可以在这个平台上实现一体化的营销工作。企业不但可以在上面宣传自己的产品信息，还可以直接完成销售支付工作，可以说，微信越来越为企业提供了更为便利的营销条件。

其实，要做好微信营销并不是一件简单的事。微信营销有它自己的特点，如果不能充分认识微信以及它的功能，更重要的是它的一些操作技巧，那么微信营销也不可能取得成效。所以，要想做好微信营销，还需要一些实战性的指导，而本书就很好地为您提供了这些内容。

作者在多年的营销实战中积累了丰富的心得和经验，在微信浪潮中，更是发现微信这一强大的营销工具给世界带来的冲击，于是编写了这本书。

这是一本帮您赚钱的营销工具书！

这是一本为您打开新型营销战场的"武林秘籍"！

这是一本助您走在营销最前沿舞台的时尚宝典！

它涵盖了您所想知道的微信营销常识，也容纳了众多您所不知道的微信营销实战策略和技巧，更展示了餐饮、家电、房地产、金融、服装、娱乐等众多行业的微信营销实战案例。从这些内容中，您都能找出利用微信营销赚钱、创业、创富的金点子，挖掘出微信营销的致富之路。

要想打好这场仗，就不能不了解微信营销的形势和战略。本书以全方位的视角，从理论到案例，用最易懂的语言，并配合众多图片，告诉您什么是微信营销，如何进行微信营销。

具体来说，这本书为您讲述了微信营销的优势和功能，它与传统营销模式的区别，全面盘点如何利用微信进行营销的战略战术，更有个人草根一族利用微信创富的案例展示，为您打开一扇新的营销之门，助您在微信营销战场一臂之力。

无论您是企业老板、员工，抑或是创业者，阅读此书，都能找到属于自己的营销策略，开发出更多的客户，创造更多的财富。

本书的诞生特别要感谢邢桂平女士、吴书军先生、吴会霞女士，他们在创作过程中为本书提出了很多有建设性的意见和建议，同时也参加了部分内容的编写工作，在此，特对他们表示感谢！

由于作者水平有限，书中疏漏之处在所难免，敬请读者批评指正。

编著者

目录

第1章 微信营销——新时代造就的新型营销模式　　1
1.1 微信是移动互联网时代的营销神话　　2
1.2 什么是微信营销　　5
1.3 微信营销的优势　　9
1.4 微信营销的价值　　14
1.5 微信营销的4大盈利模式　　16

第2章 小微信，功能多——微信的基本功能介绍　　23
2.1 微信的注册和登录　　24
2.2 添加好友：营销的客户基础　　25
2.3 朋友圈：强大的营销"接力棒"　　30
2.4 扫一扫：扫出惊喜不断　　32
2.5 摇一摇：摇出更多商机　　35
2.6 文字、图片的传送：多样的沟通方式　　38
2.7 语音信息：声音的魅力　　41

2.8	视频信息：真实可信的营销手段	43
2.9	新闻功能：微信使信息传播更多样化	44
2.10	微信群聊：钩织更广阔的人脉网	46
2.11	微信支付：方便快捷的付款方式	47
2.12	微信公众号：充分展示形象的舞台	49
2.13	微信小程序：小程序大功能	54
2.14	黑名单：清除营销中的垃圾元素	56

第3章 揭秘微信营销模式的成功之处——微信营销与传统营销的PK   59

3.1	微信PK微博营销	60
3.2	微信PK搜索引擎营销	63
3.3	微信PK网络社区营销	66
3.4	微信PK短信营销	68
3.5	微信PK门户广告营销	71
3.6	微信营销与SNS营销	73

第4章 如何运用微信进行营销——11大行业利用微信营销的战术   77

4.1	餐饮行业如何利用微信营销	78
4.2	化妆品行业如何利用微信营销	81
4.3	家电行业如何利用微信营销	84
4.4	旅游行业如何利用微信营销	87
4.5	服装行业如何利用微信营销	91
4.6	图书行业如何利用微信营销	94
4.7	金融行业如何利用微信营销	96
4.8	房地产行业如何利用微信营销	99

4.9	汽车行业如何利用微信营销	102
4.10	娱乐行业如何利用微信营销	104
4.11	互联网行业如何利用微信营销	106

第5章 如何赢得微信营销的胜利——微信运营策略和技巧   109

5.1	账号策略：微信账号是"门面"	110
5.2	内容策略：微信内容是"灵魂"	116
5.3	圈子策略：微信圈子是"摇钱树"	121
5.4	定位策略：微信定位是"吸金磁"	123
5.5	如何吸引更多的粉丝	124
5.6	利用微信公众号加粉的方式	127
5.7	增加用户关注的技巧	129
5.8	免费是让客户心动的"利器"	131
5.9	培养信任是微信营销的关键点	132
5.10	如何挖掘更多客户	134
5.11	转介绍，让老客户带出新客户	137

第6章 微信营销实战大揭秘   139

6.1	个人微信营销的方法	140
6.2	前台和后台的作用都要重视	141
6.3	建立一套长期的粉丝奖励机制	142
6.4	通过签名吸引人的眼球	145
6.5	通过扫二维码吸引顾客	148
6.6	聊得好很重要	150
6.7	提高微信订阅号打开率的方法	152
6.8	推送的时间选择很重要	155

6.9	推送内容在精,不在多	156
6.10	人工互动,从线上走到线下	159
6.11	微信营销要注意的误区	162

第7章 传统行业的微信营销策略——利用微信进行营销的实战案例　　165

7.1	银行微信营销:民生微信公众号推广,招商的一则广告	166
7.2	零售微信营销:佰草集化妆品行业的典范,糯米酒先生的糯米酒	168
7.3	餐饮微信营销:"海底捞"O2O营销的成功,星巴克接入微信支付	171
7.4	家电微信营销:飞利浦送红包,创维的"创维服务"	173
7.5	媒体微信营销:《钱江晚报》	175
7.6	酒店微信营销:布丁酒店	177

第8章 草根微信创业成功案例解析　　179

8.1	大学生免费送葡萄,创建自己的水果品牌	180
8.2	思埠,微信创业的一个神话	181
8.3	健身哥两条微信卖出400盒咸鸭蛋	183
8.4	"有料"寿司店微信月入30万	186
8.5	微信水果店月销水果价值8万元	188
8.6	"95后"大学生用微信励志创业故事	190
8.7	微信卖米3个月200万	193
8.8	高哲微信界创造出"智能穿戴传奇"	196

第1章

微信营销——新时代造就的新型营销模式

1.1 微信是移动互联网时代的营销神话

未来的营销不需要太多的渠道，只要让你的产品进入消费者的手机就是最好的营销。

——世界营销大师克里曼特·斯通

随着移动互联网技术的爆发，一种新型的移动互联网沟通工具——"微信"被腾讯团队开发出来。微信功能强大，可以通过微信直接下单购物、"移动"着查看邮件状态、转账缴费等。在很短的时间内，微信就成了移动互联网入口的霸主。

手机已经全面普及，手机用户数量不断增加、年龄层在不断扩大。手机在某种情况下已有取代电脑的趋势——浏览网页、看电子书、发邮件、网络购物、聊天等大多都在手机上完成，而且在某种场景中应用手机比电脑还要便捷。

坐公交，坐火车，在KFC，甚至上厕所，我们都可以见到不少人低着头在看手机，他们在看什么呢？看小说，浏览网页，玩游戏，还有一个更多人都在使用的"玩具"——微信。

有数据显示，2018年，每天有10.1亿用户登录微信；月发送微信消息450亿条，较2017年增长18%；每天音频通话次数达4.1亿次，较2017年增长100%。微信已无可争议地成了全亚洲拥有最大群体的移动即时通信软件，影响力遍及大江南北，红向世界，已经扩展到全世界100多个国家和地区。

2017年1月9日，微信之父张小龙在2017微信公开课Pro上发布的小程序正式上线。微信小程序已经涵盖超过20大类，行业细分类目200个以上，其中月访问人数最多的行业大类分别是交通出行、电商平台、工具、生活服务以及IT科技。

移动互联网技术的迅速发展，微信成为一种新的工具——个人或企业的营销工具。这使很多企业的营销找到了新的方向。此外，微信有着强悍的功能，给营销带来了极大方便，比如传送文字、图片，还支持语言发送，这样的话，做宣传就很方便，不仅可以使用文字图片宣传，还可以运用语音、视频进行宣传。

当你在某餐厅用餐的时候，突然传来微信好友的信息，说附近某某商场正在促销，或者附近有什么好活动正在进行，有时常常会让人感到惊喜。这就是微信营销的魅力，它快速、方便，可以给生活带来极大的便利。

所以，微信自诞生以来，就有不少个人或企业盯上了这个小巧灵活的通信工具，利用微信进行营销。只要有一部手机，你就可以随时随地通过互联网做生意，在手机上做生意是对传统的营销方式的一种补充，因为现在人手一部手机，人们的注意力就是商机的方向。可以说，微信的诞生给人们带来了新的

财源，微信营销已经成为新时代的营销方式。

其实，无论是企业、个人，只要微信运用得当，都可以扩大自己的影响力，实现商业价值。微博营销方兴未艾，微信营销一夜之间已是气象万千。微信公众号的上线，首次允许媒体、品牌商及名人进行账户认证。开放公众号，可以适时向其他人推送消息，对自我宣传和市场营销有着积极作用。于是，众品牌纷至沓来，抢滩登录微信营销，代理公司也正式扛起了"微信营销"的大旗，摇旗呐喊。除官方微博外，微信成了品牌另一大互联网营销热地。

微信营销是以朋友圈为单位的，在传播的速度和质量方面都要高于传统营销方式，同时其点对点精准营销、多重营销和跟风营销的特点都是传统营销模式不具备的。从微信的传播特点来看，它定义了另外一种品牌与用户之间的沟通交流方式。如果将微博比作传播品牌形象的广播台，微信则更像是为品牌开通了"电话式"服务。当品牌成功得到关注后，其信息推送率几乎达到100%，客户维护的能力也远远超过了微博。此外，通过LBS、语音功能、实时对话等一系列多媒体功能，品牌可以为用户提供更加丰富的服务，制定更明确的营销策略。

最重要的是，微信营销的成本比传统平面媒体和电视广告要低得多，既经济又实惠，这样的宣传平台可是千载难逢啊！

微信的快速发展证明了移动互联网蕴藏着巨大潜力。从目前微信发展的形式来看，无论是用户的数量，还是品牌的影响力，微信无疑是当下中国移动互联领域最庞大的、最成功的，可以说，微信推动着移动互联网的发展。微信在为人们提供更加便捷的生活方式的同时，也为营销界开辟了一条"阳光大道"。

在微信营销迅速蔓延的时代，人们说："微信是一种生活方式，是一个小时代的象征。"我说："微信是移动互联网时代的营销神话。"

1.2 什么是微信营销

用户订阅自己所需的信息，商家通过提供用户需要的信息，以点对点的方式推广自己的产品，这就是微信营销。

微信营销是在当今碎片化移动互联网时代下形成的一种新的营销方式。它以人为中心，以场景为单位，沿着"积累用户数量—增强用户黏性—培养用户习惯—探索商业模式"的道路发展。

微信营销主要体现在以苹果系统、安卓系统、windows phone8.1为操作系统的手机或者平板电脑中的移动客户端进行的区域定位营销。微信营销是一种新的营销方式，它是伴随着微信技术的发展而产生的，是移动互联网时代企业营销方式的一种创新，和很多网络营销一样，微信营销并不会存在距离的限制。

用户通过注册微信，就可以与周围同样注册的"朋友"取得联系，还可以订阅自己所感兴趣的信息，也可以屏蔽无关的信息干扰。

微信营销可以通过微信二维码扫描加为好友，可以对微信公众号进行二次开发营销，如商家通过微信公众号展示商家微官网、微会员、微推送、微支付、微活动、微报名、微分享、微名片等。这已经形成了一种主流的线上线下微信互动营销方式。

微信公众号上的官方账号，已经成为明星、媒体、商家的另一个重要的媒体推广渠道。对于一般微信用户来说，只需要通过扫描二维码就可以对公众号进行关注，并订阅相关的信息。

一些微博大号如南方周末、湖南卫视等颇具影响力的媒体，以及京东商城、58同城网等一大批互联网企业迅速参与到微信营销。无论是草根、媒体抑或是名人明星，还是企业，只要得当、合理地经营微信，都可以扩大自身的影响力或者实现商业价值的提升。

微信平台的诞生对自我宣传和市场营销有着积极的推动作用。用户只需注册一个公众号，就可以适时地向他人发送消息。对于普通用户而言，可以根据自己的需求和偏好，对自己感兴趣的公众号添加关注，方便自己的生活。对商家而言，这无疑是一个潜在的"聚宝盆"，很多商家都构建了自己的媒体营销平台，借此宣传自己，推动产品销售。

很多企业和品牌是用公众号来做营销的，因为微信上这种一对一的社交模式给人一种强大的信任感，无论从品牌好感上，还是从商务转化上，都是其他互联网、移动互联网营销渠道无法比拟的，而这种信赖感正是商业转换的最好介质。

在日常生活中，我们不难发现，对于消费者的购买行为，好友之间的推荐有着天然的优势，谁都更加容易相信来自好友的推荐，同时受"羊群效应"的影响，消费者更加倾向于相信已经购买并使用过该产品的好友。许多专业从事营销工作的人士曾经一直试图通过购物网站来推销自己的产品，以便有更多的消费者购买，可是效果总是不尽如人意。但是，微信所具有的独特的人际关系链却改变了这一切，给了营销人士更多的成功机会。

在移动互联网应用风靡全球的时代，我们能从热门的微信中看到什么营销商机呢？移动互联网就像互联网的出现一样，在逐渐改变着我们的生活方式，也改变着企业的营销模式。在未来谁能抓住互联网发展的趋势，谁就能抓住市场，在市场竞争中占据优势。微信营销的出现，恰恰就给了企业一个广阔的市场空间。

微信的优点很多，深受广大用户的喜爱。微信实现了个人与个人沟通之后，自然少不了企业与个人间的沟通。由微信团队打造的微信公众号，是企业或者个人的一个自媒体平台，是为各类人群推出的业务推广平台。个人和企业都可以申请微信公众号账号。在公众号上，用户可以实现信息、图片、语音、视频等的群发。

随着微信功能的不断增强，谁都会意识到微信的重要性，这就是一个等待挖掘的大金矿。微信的一对一关系的互动式营销，以及微信本身所具备的LBS（Location Based Service,基于位置的服务）定位功能，都让微信成为点对点营销的利器。利用好微信用户之间的关系，借助点对点营销的精准特性，实现营销信息向购买行为的转化，这是企业微信营销需要努力的方向。

在微信中，企业可以设定自己品牌的二维码，用折扣和优惠来吸引用户关注，开拓O2O（Online To Offline，线上线下电子商务）营销模式。用户可以通过扫描识别二维码来关注企业账号。除此之外，微信还可以借助朋友圈，实现信息的快速传播。朋友在关注的时候，可以知道他（她）的偏好或者兴趣。这相对于其他营销模式，信息发送更加快速和精准。

继微博营销之后，不少企业开始运用微信营销来推广自己，微信这一新的传播渠道的兴起，也使得大批商家如雨后春笋般地在微信中出现。微信用户的不断增长，大大提高了传统企业尝试微信营销的积极性。不同于传统的营销方式，微信营销也需要一些技巧。微信营销不能像传统营销那样仅仅为了满足自身的营销目的，发布的信息广告性太强，或者信息太频繁，很容易使人反感，从而失去"粉丝"。其实，微信营销是否能成功,并不是看粉丝的多少,而是看与粉丝沟通互动的次数,建立粉丝对品牌或者产品的忠诚度,通过粉丝的信任和转发,企业的品牌效益自然而然地就建立起来。

微信营销,不应简单地看作是销售,更应该看作是为企业品牌所做的推广。所以,所发布内容宁缺毋滥,内容应有趣实用,贴近生活,原创最佳。切勿盲目纯粹推销产品,易引起他人厌恶,从而使他人失去对品牌或者产品的信任。

1.3 微信营销的优势

现在大家都在讲微信营销,微信营销的魅力在哪儿?为何受到这么多人的追捧,有着明星级的待遇?如果一个明星受到大家的喜爱,那他身上必然有着其他人不存在的优点,受到欢迎也是有原因的。微信营销是一种创新的营销模式,很可能会成就你的财富人生,同时也为众多的行业带来了契机。下面,为大家分析一下微信营销受到大家追捧的原因和微信营销的优势所在。

1. 成本低,几乎免费

流传了多少年的那句话:世界上没有免费的午餐,现在就有了。在这个金钱至上的社会,还有什么是不需要花钱的呢?

在做营销的领域，还有什么比微信营销成本更低的呢？

相较于传统的营销方式，微信营销最大的优势就是零成本，免费的产品可能不是最好的，但是最容易赢得消费者的心，更何况微信自身的强大功能已经得到了广大用户的肯定和信赖。

微信是免费的，对于商家，微信营销只需要注册一个账号，这么低廉的成本到哪里去找呢？这就是相对于传统营销的优势。传统的营销方式很多时候都需要借助各种广告或者是活动宣传来进行推广，推广的成本就可想而知。二者相比，在成本上无疑微信具有更大的优势，这也是大家追捧微信营销的首要原因。

2. 用户数量庞大，且黏性强

马化腾在接受采访时透露，微信和 Wechat 合并后，其月活跃账户数量超过 10 亿个。这是一个庞大的用户群体。在这个群体中有着各种各样的人，有的人喜欢旅行，有的人喜欢娱乐，那么喜欢娱乐的人就会对酒吧、KTV 的公众号关注得多，如果他们其中的一部分通过你的网站进行订酒店、订机票，就是很大的客户群体。

这个时代，人们之间的信任越来越重要。所以，营销缺口的打开还需要建立在强大的"亲友团"上，而微信的好友基础是实现营销的最关键因素。我们都知道，微信上的好友大多是自己的亲戚、朋友，这就在其中有着一种天然的信任，所以朋友之间推送的内容也更容易被接受，而朋友之间存在着许多相同的兴趣爱好,这种好友之间的天然的相似性也是实现微信营销的一大关键因素。他们很可能有着相似的经历,比如都在某某高中或者大学读书,或是在同一家公司上班;你们的年龄相仿。不难发现,你的朋友很多都是你的同学或者同事,你们的年龄也不会相差太大,再加上生活方式趋同,消费能力接近,就使得好友之间的信息推送具有天然的亲近感。这样就决定微信营销比一般的营销方式黏性要强,不容易掉粉。

3.曝光率和发送到达率极高

微信的传播和发送短信一样,是直接到达客户手机上的,几乎百分百可以看到信息,所以它的曝光率和发送率是很高的,只要你带着手机,就可以同你的客户进行交流。以至有人比喻:一千微信粉丝相当于10万微博粉丝。

同传统营销方式做一下对比,我们就可以看到微信的优势了。比如群发手机短信或者邮件,这两种方式都不太容易得到消费者的信任,对于推送的信息,人们形成了一种天然的怀疑,而且,很容易引起人们的反感,所以大家就采取办法把这些进行手机短信推送的商家信息屏蔽掉或删掉。

再比如微博,微博的覆盖面很广,其营销方式就像是一个人对着台下一群人进行演讲,但它的弊端也显而易见,那就是台下的人是否对此感兴趣,却不得而知,如此每条信息就不可能及时地被客户看到。而使用微信公众号来群发,则基本上每一条信息都能够百分之百到达所有用户,这种方式具有极高的曝光率和到达率。

4. 一对一，精准度极高

做过市场调查的人都知道，想让消费者做份调查表是一件十分困难的事情，很多都是用奖品、礼物做有奖调查。但是通过微信大数据的分析可以直接得出用户的喜好、习惯等。不仅可以精准地针对用户营销，而且可以提升企业的商品销量，维护客户的关系，提升客户对产品或品牌的黏性。

微博的营销像是在对着台下一群人演讲，但是台下的人是否对此感兴趣，确实不得而知。微信的营销像是一对一的电话式服务，而且这个电话是对方主动打来的，对商家而言，就意味着他（她）对你的产品感兴趣，给人专享的感觉，容易让人产生被尊重的心理感受，这就是两者的不同之处之一，可以这样说，微信营销的精准度完胜微博营销。

还有就是，微信的营销是建立在许可订阅的基础之上的，你感兴趣才会去订阅，也就是说，每一个订阅的微信用户都可能是商家的潜在客户，而且这种可能性极大。用户在关注微信的同时，商家也会获得一些用户的一些简单的信息，比如性别、年龄以及所属区域等，通过对这些信息的分析处理，就可以根据用户的喜好，人群结构等来投放他们比较感兴趣的内容，这也会使得投放精准度大大提升。

5. 营销方式多元化

摇一摇、附近的人、二维码、朋友圈都能成为企业营销的方式。可以拉近和用户的距离，使营销活动变得更多样、更有趣。

6.公众号的效应很大

微信为用户和品牌之间提供了新的交流方式。尤其是微信公众号发布之后，可以说是引起了媒体、企业的欢呼。现在，微信公众号已成为最热的企业营销推广平台，每天都有大量互联网公司和传统企业进驻。因为对他们来说，微信公共平台不仅是一个很好的营销平台，而且是一个很好的自我展示的媒体平台。通过移动端使用公众号和粉丝互动，不仅可以群发文字、图片、视频、语音等信息内容，还可以进行一对一的深入沟通。很多商家更是将其视为一个新的竞争点，谁能提前借助公众号进行营销，谁就能抢占更多的客户。对于一些小型的企业或是商家而言，这是他们迅速成长的一个机会，也会避开同大公司的直接竞争。腾讯官方宣称："微信公共平台是为用户、媒体、企业等提供的一种新型的互动沟通模式，以及通过自由平台打造一种全新的阅读模式和体验。"

微信营销的优势不言而喻，但是什么工具也不是完美无缺的，如果运用不当，自然起不到很好的效果。所以，在未来，微信营销要走的路还是漫长的，不是单单依靠微信就可以万事大吉的，如何能够深层次地抵达客户的心理层面，这才是营销人士需要思考的问题，这也在考验着营销人士的智慧和策略。

1.4 微信营销的价值

1. 企业用微信营销来提升自我品牌

从商业的角度而言,微信营销可以很好地塑造企业的商业品牌,其强大的功能支持也可以很好地为企业调研和新产品研发提供帮助。这些都会促进商家与用户之间形成很好的互动关系。微信营销的价值对于企业来说主要体现在以下几个方面。

(1)数据库营销价值。企业可以利用公众号针对所有的关注用户一次性群发消息,这与过去的手机短信(邮件)群发功能十分相似,但是也不尽相同。相比于群发手机短信(邮件),微信的好处可以体现在两方面:第一,可以节省群发信息费用开支。我们都知道发送手机短信是需要收费的,如果一个企业成年累月地发大量短信,那么这也是一笔不小的开支。第二,信息的到达率高,微信的信息都是主动关注。

(2)客户CRM管理价值。客户关系管理系统(CRM)的核心是对企业的市场营销、销售和客户资源管理提供有效支持。而微信公众号可以积累用户数据,与潜在用户建立联系,这将十分有利于二次营销,将客户CRM管理价值体现得很充分。相比以往线下填写表格等方式,微信通过对潜在用户关注即可收集信息的这一方式,显得更加便捷有效。除此之外,微信还可以即时将市场营销活动、新品信息等第一时间推送出去。

（3）服务型营销平台价值。服务也是一种营销，并且服务本身就是产品的一部分，这在一些服务行业得到了很好的体现。消费者的心态总是这样，我需要的时候你要立刻出现在我的身边，我不需要时，你最好不要来骚扰我。消费者总是想用最省钱、最简单、最容易的方式与企业沟通，比如要投诉或反馈意见，如果不是特别的紧急，他们一般不会选择电话、短信、邮件的方式，而是微信等这样便捷免费的工具。特别是像银行、酒店、航空等服务行业，能通过手机进行网上办理的就不去柜台、打电话，或者登录PC网站办理。通过公众号办理值机、预订酒店、订餐等也是现在的一种流行趋势。包括查询一些信息，如果需要查询某旅行网的旅游攻略，以往需要上网站查询，而现在只需通过关注该旅行网的微信，就可以得到详细的目的地旅游攻略。

2. 媒体可以运用微信营销来提高自己的影响力

在现在互联网发展的浪潮之中，传统行业受到了很大的冲击，传统媒体就是一个很典型的例子。你会发现身边订阅报纸的人数越来越少、纸质杂志的发展也受到威胁、电视的收视率已是大不如前。随着互联网的进一步发展，这种趋势还会延续下去，传统媒体受到了很大的挑战。许多媒体已经将自己的发展方向转向了电子版阅读模式，在那儿找到了自己的发展空间，微信就是他们提高自身影响力的一个很好的平台，如《南方周末》就为自己设置了一个微信账号。

3.通过微信自我宣传

美国管理学家汤姆彼得斯提出，21世纪的工作生活法则就是建立自己的个人品牌。微信无疑成为最好的宣传自我的载体，人们在微信上展示自己真实的情感和工作信息，可以转换成一种有商业价值的资源。其次，无论微博，还是微信，你会发现，不知从什么时候开始，这些已经变成了粉丝们的聚集地了，人们通过关注明星的微信公众号来满足自己的追星心理，明星们通过微信公众号可以更好地宣传自己。明星们纷纷加入微信群体，在微信上开辟自己的一个小天地。

微信作为一种媒介，不仅提供了一种传播渠道，丰富了传播内容，而且也给移动互联网的发展和社会带来了很大的影响。微信是将语音、文字、图片、视频、手机客户端、QQ、微博、邮箱、离线消息、通信录融在一起构成的一个纵横交错的社交网络，其将在未来的信息传播中发挥巨大作用，它的精准传播、多元传播和迅速传播将会改变传统的传播格局和营销方式，也将使受众得到最大限度的满足。

1.5 微信营销的4大盈利模式

1.草根广告式——附近的人

微信中"附近的人"（见图1-1）是一种LBS（基于地理

位置的服务）社交功能。它的作用是微信用户可以找到那些离自己所在位置很近并且同样开启这一功能的人。此项功能推出的直接结果就是导致了微信用户数量的第一次大爆发。

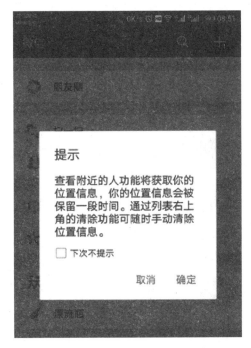

图1-1　查看附近的人

微信中基于LBS功能的插件"附近的人"可以使更多陌生人看到签名栏中的强制性广告。签名栏也是微信产品的一大特色，就如同自己的QQ签名一样，你可以随时在签名栏更新自己的状态，比如当天的心情啊，当天发生的事情等，自然这些也可以用来打入强制性广告，但这些签名只能是被那些用户的联系人或者好友才能看到，其他人是看不到的。

"附近的人"满足了人们渴望认识更多陌生人，并与之交流的心理。当然，也带来了巨大的营销价值。如果"查看附近的人"使用者足够多，再加上营销人员在人流最旺盛的地方长时间地后台运行微信，这个广告推广效果也会不错。随着微信用户数量的增多，可能这个看起来简简单单的签名栏也许会变成可移动的"黄金广告位"（见图1-2）。

图1-2　签名栏

LBS不仅能够通过移动网络和移动终端确定用户的具体地理位置，而且还能在确定使用者位置的同时，向用户推荐该地理位置附近所能够提供的各种服务，例如周边搜索的餐馆、商场、酒店和银行等信息。可以说，LBS的出现正在日益改变着我们的生活方式。

无论是学生、白领、明星还是个体工商户，微信都已经成为他们生活中必不可少的交流工具。从被赞为日常沟通的"交友神器"，到帮助商家进行销售的工具，微信的发展速度令人咋舌。可以想象的是，随着微信的LBS越来越普及，商家的不断渗透，对传统的生活方式可能产生巨大的影响，就像电子商务改变人们的购买习惯一样。

微信具有即时性的特点，使个人社交、企业信息推送的时效性更强。只要微信用户在线，用户就能够及时接收信息，并针对信息做出反馈，反馈的信息同样也会很快传达给对方，而且微信还支持QQ离线信息接收，只需要微信号与QQ号绑定。

通过LBS，用户可以用微信"附近的人"功能将自己的地理位置标记，可以搜索周边开启LBS功能的微信用户，同时对方也可搜索到自己，双方可以打招呼、聊天，形成一个社交网络。商家也可以利用这一功能，在学校、社区、商场等地点，针对特定人群推销自己的产品，或是举办各种促销活动时，利用微信"附近的人"和向附近的人"打招呼"功能，向周围的人推送促销信息。

2. O2O折扣式——二维码扫描

2012年5月，微信以二维码为入口的形式尝试O2O营销模式，正式向第三方应用开放API（Application Program Interface，应用程序编程接口）推出"扫一扫会员卡"功能。用户只需要打开微信的"扫一扫"功能（见图1-3），对商家的专属二维码进行扫描，就能获得一张存储于微信中的电子会员卡，凭借此卡可以享受商家提供的会员服务或是折扣。企业可以通过设定自己品牌的二维码，用折扣和优惠来吸引用户的关注，开拓O2O营销模式。

图1-3　二维码扫描

3.社交分享式——开放平台＋朋友圈

微信开放平台是应用开发者可通过微信开放接口接入第三方应用，同时还可以将该应用的标志放入微信附件栏中，以便微信用户下次使用时，方便地在会话中调用第三方应用进行内容选择与分享。微信开放平台为第三方应用提供了接口，用户可将第三方应用的内容发布至朋友圈或是分享给好友，而第三方内容会借助微信平台获得广泛传播。

社交分享在电商中一直是作为热门的话题存在。在移动互联网上，以之前腾讯公布的合作伙伴为例，用户通过微信把商品一个接一个传播开来，会实现社会化媒体上最直接的口碑营销。

微信分享式的口碑营销为商家提供了最好的营销渠道。微信用户可以将手机应用、PC客户端、网站中自己认为比较好的或是精彩内容快速分享到朋友圈（见图1-4）中，并支持网页链接方式打开。

图1-4　微信朋友圈

4. 互动营销式——微信公众号

2012年8月，微信正式发布微信公共平台，微信公共平台是真正无门槛的平台。每个人都可以打造属于自己的微信公众号，并可以在微信公共平台上与其他用户进行文字、图片、语音等的全方位的交流与互动。

微信公众号的优点之一是可以通过后台的用户分组和地域控制，实现精准的消息推送。对于普通微信公众号而言，可以群发文字、图片、语音三个类别的内容。对于经认证的微信公众号，则有更高的权限，不仅能推送单条图文信息，还能进行专题信息的推送。

如果说开放平台和朋友圈的社交分享功能的开放，已经使得微信成了移动互联网上一种不可忽视的重要营销渠道，那么微信公众号的开放，则使这种营销渠道更加直接和细化。

公众号方可以通过一对一的关注和推送，向"粉丝"推送包括新闻资讯、最新活动、产品消息等，甚至能够完成客服、咨询等功能，成为一个称职的CRM系统。通过发布公众号二维码，微信用户可以随手订阅公众号账号，然后通过用户分组和地域控制，平台可以实现信息的精准推送。另外，还可以借助个人关注页和朋友圈，实现品牌的快速传播。

第 2 章

小微信，功能多——微信的基本功能介绍

2.1 微信的注册和登录

（1）微信注册的方法

用手机注册微信很简单，具体来说，注册的方法如下。

首先，打开手机软件下载平台，下载安装微信（wechat app），可以从手机应用宝或微信官网进行下载，然后开启微信进行注册。在这里需要说明的是，由于微信是手机聊天软件，只能通过手机端进行注册。

下载安装好之后，点击右下角的"注册"按钮，按照提示操作填写昵称、地区、手机号码和密码，点击"注册"，这时会弹出确认窗口，如果手机号码无误，确定即可（见图2-1）。

然后，向注册的手机号码发送一个短信验证，手机会收到一条短信，这时只需将收到的验证码输入，输入验证码后，点击"下一步"，这样微信就注册成功了。接下来，就可以使用微信了。

（2）微信登录的方法

微信刚诞生的时候，人们可以用QQ、邮箱或手机注册后的账号登录，现在由于网络实名制的需要，这些方法都已经失效了，只能采用手机注册的方法。

微信登录具体的方法：打开微信→输入手机号→填写密码或者短信验证码，即可登录。

第2章 / 小微信，功能多——微信的基本功能介绍

图2-1　微信号注册

2.2　添加好友：营销的客户基础

微信之所以深受欢迎，很大程度上是因为微信方便了我们与朋友的联系，从营销的角度上来说，它方便了商家与客户的沟通。

微信的"添加好友"功能能够让我们很方便地与他人成为微信好友。微信的"添加朋友"不但能迅速扩大自己的交际圈，还能够挖掘潜在的客户，这也是微信营销的一种"利器"。

在这里，微信用户可以通过搜索、扫描等多种方式来添加微信好友。同样，对于许多商家来说，这就意味着可以添加许多潜在的客户群体。用户只需在搜索框中输入商家的微信号或者直接扫描商家提供的"二维码"，即可实现对商家的关注。因此，对于商家来说，一定要在微信账号上做好文章。比如设

图2-2 添加朋友

置一个响亮好听的名字、一个容易记住的号码、一个醒目漂亮的头像等，只要能引起消费者的注意，就会带来一些效益。

微信运营初期，微信和QQ是紧紧联系在一起的。微信在添加好友时，不仅仅局限于手机通讯录，QQ好友也可以添加到微信好友中，见图2-2。

1. 通过扫一扫，快速添加微信好友

"微信二维码"是腾讯公司开发的二维码，它的目的就是配合微信添加好友，由于自己特定的格式与内容，因此只能被微信软件正确地识别出来。每个微信用户都可以利用微信中的"生成二维码"名片生成专属自己的二维码名片。

利用"扫一扫"添加微信好友的操作方法也很简单，微信用户只需要点击右上角的"+"，找到"扫一扫"选项，点击"扫一扫"选项可出现图2-3。然后，只需要将手机镜头对准需要扫描的二维码图案，待二维码扫描成功之后，即可添加其为好友。

2. 通过手机通讯录添加

在安装微信时，微信对读取用户的手机通讯录权限进行了默认，也就是说，微信会自动读取手机的通讯录。这样，微信会帮助用户查找手机通讯录里已开通微信的好友，并添加在好友列表中。

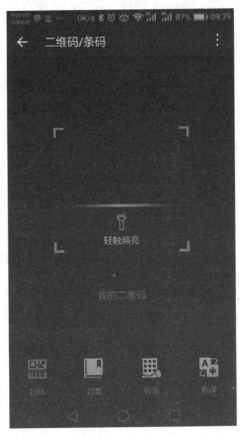

图2-3 扫一扫

当然这么做也是有前提的,即双方微信账号绑定了各自手机号,这样才能将微信账户的信息与手机号码联系在一起。如果手机没有同微信号绑定,系统会提示用户先启动该功能,然后用户才能按照提示进行添加手机通讯录中的好友。

3.添加公众号,立即实现关注

开放微信公共平台之后,微信公众号实现了迅猛增长,不论是商家、明星、媒体还是个人都可以拥有自己的微信公众号,并通过这个平台来实现营销。

打开微信界面,点击"通讯录",会看到右上角有一个搜索符号,点击打开(见图2-4),输入感兴趣的商店、企业或是某位明星的公众号,然后点击进行搜索。搜索完成后,就显示了与你搜索内容相同或者相关的微信公众号,点击"关注公众号"就可以实现对他们的关注。

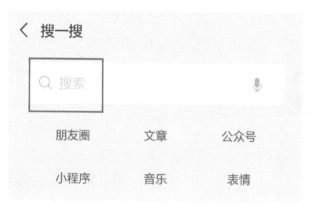

图2-4 搜索公众号

通过"添加好友"实现了微信营销的第一步,这是寻找客户资源的基础,没有这一步,再好的营销策略都将没有用武之地。

微信的其他功能如"朋友圈""扫一扫""摇一摇"可以实现与陌生人轻松交流。下面我们将一一介绍。

2.3　朋友圈：强大的营销"接力棒"

微信的强大功能也从一个侧面展示着它的魅力——微信改变着我们的生活，使得我们的生活更加丰富多彩，同时也给营销带来了极大的便利。

在微信的众多功能中，"朋友圈"功能不可不提。这是一个与朋友互动的平台，这个功能类似于QQ空间，但是也不尽相同，与QQ空间相比，朋友圈有着别样的魅力。

想要进入"朋友圈"，首先要登录到微信界面，点击下方的"发现"，第一个选项便是"朋友圈"（见图2-5），点击进入"朋友圈"就可以了解好友的最新动态。

在微信"朋友圈"中，你不但可以了解到朋友们的最新动态，还可以评论他们所发布的内容，你可以采取直接输入评论或简单的"点赞"。

当然，微信"朋友圈"的功能不只是如此，还可以通过点击手机右上方的相机图形，选择拍照或是从手机相册中获取照片，然后上传到朋友圈，再配一些文字说明，就能够很好地实现与朋友们的分享。

对于想上传的照片，也可以进行一些处理，比如希望照片是公开还是私密。如果选择公开，你的好友会在第一时间看到；如果选择私密，照片查看的权限只有自己。当然，还有"部分可见""不给谁看"方式，相当于半隐私性。如果这些照片，你不想让所有的好友都知道，只想让部分好友看到，那么

图 2-5　朋友圈

你可以选择"@"功能,指定对方来观看你的照片。这一点也类似于微博的功能,只是微博的公开性更强。

不仅如此,还可以选择显示位置信息,这样对方会对你的具体位置有一个了解,甚至能让好友迅速找到你。"朋友圈"功能还可以与微博、QQ空间进行绑定,遇到自己喜欢的图片或者文章,就可以直接在这几种应用中分享。

除此之外,还可以在"朋友圈"中发送音乐,与好友一起分享动听的音乐。在微信的"摇一摇"功能中还有摇歌曲、摇电视。顾名思义,只要摇一摇手机,就可以自动识别到歌曲或者电视节目,可以自己欣赏,也可以分享给好友。

当然,微信"朋友圈"最主要的功能还是将自己的心情、状态等内容与朋友进行分享。你不但可以分享一些美文、音乐、心情等,还可以实现网页链接、视频内容的分享。可以说,在朋友圈可以分享的内容是多样的,这也是微信强大功能的一种体现。不但可以在微信上转发一些QQ空间、微博日志的内容,还可以打开一些新鲜的、好玩的链接。对于微信用户来说,也可以将自己感兴趣的微信公众号或是最新的产品信息和活动分享给好友,比如某品牌服饰的打折促销,某饭店为店庆所做的优惠活动等。

如此一来,朋友圈就相当于一个"接力棒",使产品的信息一个接一个地传递推广。这种社交化口碑营销的力量是不容忽视的,对于许多商家而言,这些功能都起到了良好的宣传作用。因此,"朋友圈"是进行微信营销的好场所。

2.4　扫一扫:扫出惊喜不断

"扫一扫"(见图2-6)是微信众多功能中的一大亮点。随着微信版本的不断更新,微信的"扫一扫"功能也在不断升级,尤其是最新的版本,从最初的扫描二维码、条形码扩展到了现在可以扫描二维码、条形码、封面、街景、翻译等。

图 2-6 "扫一扫"功能

1. 扫描二维码、条形码

微信二维码，为方便微信添加好友，腾讯开发的一种添加好友新方式。微信二维码含有特定内容格式，且只能被微信软件正确解读。传统企业也可通过微信二维码服务，充分将运营过程中的基础数据与日常运营相结合，从而实现对运营数据的掌控。

二维码的用途很广泛。通过扫描二维码，可以快速获取商家或产品信息，实现基本信息的展示功能；也可以通过扫描二维码来添加好友，不用输入微信号即可添加好友，方便快捷；也可以通过扫描二维码进行在线支付、公众号关注及下载软件的功能。

"扫一扫"功能对商家的影响是巨大的。随着微信支付功能的开通，直接下单购买，让买卖过程变得十分便利。因此，很多商家生成自己品牌的二维码，并印制在商品的包装上，以方便消费者进行扫描，从而加深客户对品牌的关注度。有的明星也将自己的头像设置成二维码，让粉丝来扫描，从而获得粉丝的支持。可以说，微信"扫一扫"的出现，为营销带来了巨大的商机。

2. 扫描封面

"扫一扫"还可以扫描图书封面。在对图书进行扫描时，手机上就会出现关于这本书的介绍、定价，甚至是购买该图书的相关网站，比如当当网、亚马逊、京东等。

3. 扫描街景

微信"扫一扫"的街景功能为用户的生活带来了巨大便利。如果因为迷路置身于一个陌生的街区，想要获得自己的定位信息，找到正确的方向，只需要登录到微信界面，打开"扫一扫"，扫描街景，就能迅速看到自己所处的街区的具体位置、交通信息、周边店铺等信息。

基于这一功能，很多商家（如餐饮店、超市、服装店等）与微信进行合作，将自己的信息放到微信平台上，当微信用户打开"扫一扫"街景功能的时候，自家的店铺便很有可能显示在其中，这自然就扩大了自家店铺的营销能力。

4. 扫描翻译

微信"扫一扫"翻译功能，用户可以将英文单词置于手机摄像头范围内，即可轻松实现在线翻译，比查字典方便多了。

针对微信的"扫一扫"功能，很多商家（比如餐饮企业、大型商场、虚拟电子商务公司等）都在制作自己的二维码，与微信加强合作。同时更为了吸引消费者来扫描自己的二维码，让消费者更多地了解自己的产品。比如，你在逛某家商场时，看到十分醒目的二维码，就可以掏出手机进行扫描，从而获取该品牌或者该企业的产品信息。而且，如果你真的很喜欢这件商品，还可以通过微信进行即时支付购买。

2.5 摇一摇：摇出更多商机

晃动一下手机，就会与远在几百里、几千里之外的陌生人取得联系；摇动一下手机，就有可能让商家钓到一个"大鱼"。摇一摇，可以让你摇出更多商机。

"摇一摇"是微信与陌生人交友的工具之一。很多人信奉"缘分""机缘""巧合"，那么手机的"摇一摇"功能就是借助这一心理推出的。

此外，"摇一摇"还蕴藏着巨大的商机。由于微信有很强的随机性，能够在很大程度上增加商家产品的曝光率。因此，只要你不停地摇手机，就有可能让其他同时摇手机的人看到你，这样你的广告信息就被传送了出去。

对于店家而言，借助"摇一摇"进行营销，设置一个比较有吸引力的名字很重要。比如"××店优惠券""××店美容顾问"等，这对一些潜在的客户来说会是很大的吸引力。然后，不时地摇动手机，这样就会找到同一时刻与你一起"摇一摇"的客户，然后就可以将自己的产品或者服务推送出去。

"摇一摇"的操作步骤如下（见图2-7）。首先，用手机打开微信界面，找到"发现"一栏，并点击。然后，在弹出的菜单中找到"摇一摇"，点击一下，就能进入"摇一摇"界面。在最新版本的界面中，摇到的内容可以选择"人"或者"歌曲"。一般默认是摇到陌生的朋友。

在"摇一摇"界面的右上角，点击设置图标，就可以将音效关闭或打开、设置聊天背景等多项操作，还可以查看一些历史记录。

第 2 章 / 小微信，功能多——微信的基本功能介绍

(a)

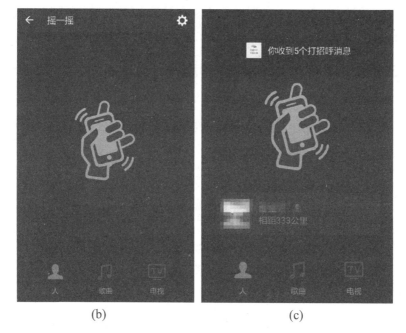

(b)　　　　　　　　　　(c)

图 2-7　"摇一摇"功能

2.6 文字、图片的传送：多样的沟通方式

有人说，微信的出现是一场沟通方式的革命。微信冲破了短信、彩信、电话聊天的局面，使人们的沟通方式更加丰富多彩，也使之前一直"独霸短信天下"的QQ、飞信出现了明显衰落的迹象，就连一些移动服务供应商的电话业务也受到了很大影响。

微信的巨大吸引力不只是其开创了一个集文字、图片、语音、视频为一体的多元互动模式，还在于其廉价的使用费用——它本身不收取任何使用费，相比于短信、彩信、电话的较多费用，微信用户消费的只是自己手机的流量费。

更重要的是，微信开拓了营销渠道，因为微信开启了多种沟通方式，而营销是离不开沟通的，这就为营销提供了广阔的沟通平台，还提升了信息的流通速度。而微信相较于之前的沟通方式，如QQ、微博、短信、邮件，在传送速度上都比它们有了极大的提升，而且沟通的种类较多，可以及时与客户获得联系，并得到很好的互动。

1. 文字的传送

使用文字在微信进行交流就如使用短信发送信息一样，只不过微信的文字传送增添了更多的功能，不只有文字，还有简单的表情符号，这样就可以使用户拥有更好的体验，见图2-8文字的传送。

图2-8　文字的传送

2.图片的传送

　　单纯的文字聊天略显枯燥，点击文字输入栏右侧的表情，选择聊天表情，让聊天变得轻松幽默。如果需要传送一些手机图片，还可以点击文字输入栏右侧的"添加"图标，在选项中找到"相册"，并点击，然后选择需要发送的照片（见图2-9）。

图2-9 发送图片的传递

用文字和图片进行聊天时,既可以看到双方的聊天内容,又可以看到双方的头像。另外,点击聊天界面的右上角,可以对聊天进行设置。比如,不喜欢背景单调的聊天,可以换上一张自己喜欢的照片作为聊天背景。还可以进行"置顶聊天""查找聊天记录"和"清空聊天记录"等设置。

2.1 语音信息：声音的魅力

我们或许都有过这样的体验：当我们跟一个陌生人在微信上用打字的方式聊天时，可能有时候会感觉对方说话的口气有些生硬、冷漠，这时有可能认为对方不友好。但是如果采用发送语音信息的方式聊天，当听到对方的声音时，可能就会改变原来不友好的看法：哦，原来对方不是那种不友好的人！声音的魅力就在于此，它可以避免产生误解。

文字和图片的聊天方式存在一些软肋，比如不能感知对方在聊天瞬间的心情、整个人的状态，仅仅通过字面的理解，很容易造成误会，或者让对方觉得有"欺骗性"。而语音信息聊天方式就避免了这种情况，它可以从话语中感知对方的心情、精神以及身体状态，这就便于营销者根据对方当下的情况做出具体的营销策略。

比如，通过语音信息，我们听出客户嗓音沙哑，这时，你可以很关切地问："您是感冒了吗？"，如果客户回答说是，那么接下来您就可以给对方一些提醒。这样就会使客户感到温暖。

语音信息的聊天方式已不限于电话和QQ，微信的出现迅速打破了这些工具的垄断地位（见图2-10）。

对于微信而言，语音信息聊天只是其强大功能的很小一部分，用户只需要打开想要聊天的好友的界面，按一下屏幕下方的喇叭切换键，然后按照屏幕上的提示，靠近手机说话，说完

图 2-10　微信语音信息

之后，松开手，就可以将语音信息发送出去了。如果你觉得说的话有些欠妥，或是有什么顾虑不想发出去，此时可以将按住手机屏幕的手指向上滑动，这样就会取消将要发送的内容。

对方发来的语音信息，只需要轻点一下，就可以直接收听。当然，如果周围的环境太过嘈杂或者内容很私密的话，可以借助于耳机进行语音聊天。

不仅如此，微信还增加了实时对讲机的功能。用户只需要在聊天界面，文字输入栏的右侧点击添加的图标，就可以从弹出的选项中找到"视频通话"，点击并选择"语音通话"。对方接受通话后你就可以像打电话一样与好友进行聊天了。

2.8 视频信息：真实可信的营销手段

视频聊天是人们很喜欢的聊天方式之一，它可以给人直观的视觉体验。对于营销人员来说，视频聊天是一个非常有用的功能，通过视频，客户可以直接看到实物，更直观地看到产品，给人真实可信之感，这样也就使客户更容易接受产品，从而达到更好的营销目的。

对于微信来说，视频聊天的操作是很简单的。点击输入栏右侧的"+"字形添加按钮，在选项中找到"视频通话"点击并选择"视频通话"（见图2-11）。

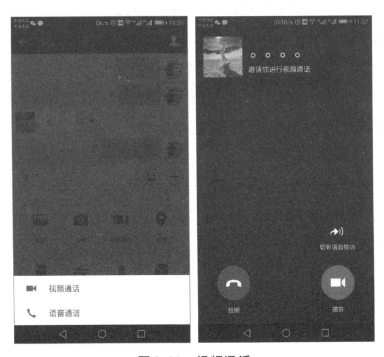

图 2-11　视频通话

微信还有发送视频信息的功能。当对方发来视频信息时，可以直接点击视频进行下载，完成后，系统自动播放视频。此外，长按播放的视频，会弹出菜单，点击"保存视频"按钮，可以把视频保存到手机上。

2.9　新闻功能：微信使信息传播更多样化

随着信息技术的不断发展，微媒介在逐渐展示着它的威力，以微信、微博为代表的新兴媒介逐渐成为人们获取信息的重要工具。在国外亦是如此，如美国的Whatsapp、韩国的KaKao Talk和日本的Line。如今，我国的微信已经成为人们获取信息与人际沟通交流的一项重要工具，微信在改变我们的生活方式的同时，也使信息传播的方式发生了变化。

微信可以直接实现文字、语音以及视频等相关信息的交流，并且在交流的过程中仅产生流量费用。微信发展的时间虽然比较短，但是微信软件却已经成了现代智能手机上的一个标准配置。

1. 信息传播迅速

微信具有信息发送及时迅速的特点，用户可以随时随地与人交流。只要用户在线，就能够对信息进行快速接收和反馈，而且微信支持QQ离线消息接收及实现手机与电脑之间的文件传输功能，这使得在信息传递上更为方便。

2. 传播符号多元化

微信支持的传播方式很多，而且还在不断完善。人们可以通过文字、语音、图片形式点对点地交流。微信具有视频功能，使得微信和现场直播极其类似，方便人们的交流。

3. 精准推送

利用微信公众号功能可以通过后台的用户分组和地域控制来实现信息的精准推送。公众号推送的信息到达的终端都是主动选择关注了公众号的用户，对于公众号而言，用户的主动关注和选择，就意味着他们的信任与喜欢，意味着媒体目标人群的精确定位。对于传统媒体而言，可以借助微信有针对性地推送信息，避免造成资源浪费。如《东方早报》《人民日报》等主要采用汇总发送新闻的方式推送消息，也就是一条消息中包含多条新闻，每条新闻均有单独的图文摘要，可单独查看全文和打开源链接，如此推送的内容含量较高，更方便受众接收。总之，微信的不断发展会给新闻媒体尤其是传统媒体的发展提供一个好的思路，微信传播将会产生强大的舆论传播效力。

2.10　微信群聊：钩织更广阔的人脉网

微信除了可以采用一对一的交流方式之外，还可以通过微信群进行多人群聊。微信群是腾讯公司推出的微信多人聊天交流服务，在这里可以和许多小伙伴一起畅所欲言。群主在创建群以后，可以邀请朋友或者有共同兴趣爱好的人到一个群里聊天，还可以共享图片、视频等。

开启微信群聊的步骤一般如下。

（1）打开微信，点击微信界面右上角的"…"图标，而后点击"+"图标。

（2）勾选你想要添加到群里的好友，然后单击"确定"，这样就建立了自己的微信群。

（3）微信群创建成功之后，你就可以群发送语音或者文字图片了。

对于微信群的管理者，点击聊天界面右上角的按钮，如果选择"－"，然后点成员头像左上角的"－"就可以删除群聊好友了；或者单击"+"，可以添加群成员。对于改微信群名称和退群，需要点聊天界面右上角的按钮，然后选择"群聊名称"。输入新的群名称，然后保存。若要退出群聊，点击页面最下面的"删除并退出"，就可以退出微信群。

微信群聊的方式对于微信营销来说，可以建立更广阔的人脉网，从而挖掘更多的客户。

2.11 微信支付：方便快捷的付款方式

微信支付已经成为互联网支付方式的主要工具之一。微信可以绑定银行卡，并通过微信实现在微信公众号、扫描二维码中的一键支付功能，还能接入腾讯的第三方支付平台。这样方便、快捷与安全的支付方式，使得很多电商愿意与微信进行合作。

在微信支付功能中，用户所需的操作很简单，不必如网上银行那般烦琐，只需要一次绑定银行卡，然后通过支付密码就可以实现快速付款。特别方便快捷，而且安全性有保障，这与阿里巴巴推出的"支付宝"和腾讯公司推出的"财付通"性质是一样的。

2017年，微信日登录超9亿人次，如此庞大的用户资源，方便快捷的支付方式，对商家来说是一个巨大的商机。用户在使用微信的时候可以直接与商家进行沟通交流，还能直接下单，付款结账。对于商家，在公众号中推介自己的产品，设立定价、下单等服务，让这些信息一目了然，也是扩大宣传、提高销量的绝好途径。

毫无疑问，微信的支付功能冲击着传统的支付方式。目前，最新的微信版本中的支付功能已经支持包括中国工商银行、中国农业银行、中国建设银行、中信银行、中国银行等接口服务。而且，在微信支付方面，还支持酒店预订、机票预订等众多服务功能，渗透到生活的方方面面。

在微信钱包里面，还有许多第三方服务，如预订机票、火车票、电影、演出、赛事、美团外卖、京东优选、酒店等。这在很大程度上增加商家之间的激烈竞争，但无论怎样，最终受益的都是消费者。消费者可以得到更多的优惠，可以获得更为高效的服务。

目前，微信支付的方式主要有三种：微信公众号支付、APP（第三方应用商城）支付、二维码扫描支付。

进行微信支付的一般规则如下。

（1）绑定银行卡时，需要验证持卡人本人的实名信息，即姓名、身份证号信息。

（2）一个微信号只能绑定一个实名信息，绑定后实名信息不能更改，解卡不删除实名绑定关系。

（3）同一身份证件号码只能注册最多 10 个（包含 10 个）微信支付。

（4）一张银行卡（含信用卡）最多可绑定 3 个微信号。

（5）一个微信号最多可绑定 10 张银行卡（含信用卡）。

（6）一个微信号中的支付密码只能设置一个。

（7）银行卡无需开通网银（中国银行、工商银行除外），只要在银行中有预留手机号码，即可绑定微信支付。

但是需要注意的是：一旦绑定成功，该微信号无法绑定其他姓名的银行卡或信用卡。

如果输入信息错误，操作如下。

（1）一天内连续输错 10 次密码，该微信支付账号会被冻结；过了当天 24 点，则自动解冻。

（2）同一张银行卡进行绑定，验证信息错误达到3次，3

小时内将无法操作绑定，可更换其他银行卡绑定操作。

另外，微信支付中的日限制、单笔交易限额是银行规定的，若需要修改限额，需与银行联系。

2.12 微信公众号：充分展示形象的舞台

微信公众号，简称公众号，曾命名为"官号平台""媒体平台"。所谓的公众号，可以理解为一个公众信息平台，专门为企业或者个人打造品牌效应的平台。

简单来说，利用公众号进行自媒体活动就是进行一对多的媒体性行为活动，如商家通过申请微信公众号二次开发并展示商家的微官网、微会员、微推送、微支付、微活动、微报名、微分享、微名片等，已经形成了一种主流的线上线下微信互动营销方式。

微信公众号这个平台的影响力是巨大的，作用也是不容忽视的。草根用户可以通过公众号扩大自己的影响力，取得很好的营销效果。企业可以在公众平台上通过文字、图片、语音甚至是视频来和用户沟通、互动，实现宣传和营销的目的。这个平台不但是企业营销的最佳场所，也使得企业的品牌、理念、形象等得到了充分展示。可以说，微信公众号带给企业的是超乎想象的影响。

对于明星而言，微信公众号更是一个宣传平台。明星可以将自己的最新动态发布到公众号上，从而实现与粉丝的互动或者在巩固原有粉丝的基础之上，增加更多的粉丝，同时树立自己良好的公众形象。

微信公众号的运营技术要求不高，任何人都可以选择它作为自己的产品营销平台，操作是简单的，影响力是广泛的。只要注册了微信公众号，就可以在后台进行操作，将文字、图片、语音等信息推送给关注自己的微信用户，有效地和用户展开交流、互动。

做好公众号的运营就是在经营自我的形象，迈出自我经营的第一步就是要申请注册一个公众号，那么公众号申请方法如下。

（1）打开微信公众平台官网（https://mp.weixin.qq.com/），右上角点击"立即注册"，见图2-12。进入注册流程后，选择账号类型（见图2-13）。

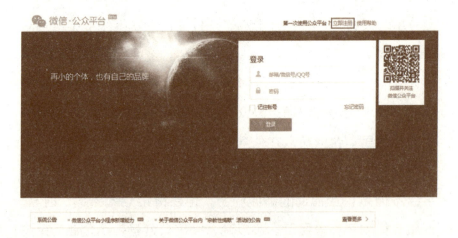

图2-12　打开微信公众号平台官网

图2-13 选择账号类型

① 订阅号：订阅号为媒体和个人传达资讯，提供一种新的信息传播方式，构建与读者之间更好的沟通与管理模式。适用于个人和组织。

② 服务号：服务号主要用于给企业和组织提供更强大的业务服务与用户管理能力，帮助企业快速实现全新的公众号服务平台。不适用于个人。

③ 小程序：是一种新的开发能力，开发者可以快速地开发一个小程序，小程序可以在微信内便捷地发送、传播，同时具有出色的使用体验。

④ 企业微信：企业微信为企业或组织提供移动应用入口，帮助企业建立与员工、上下游供应链及企业应用间的连接。适用于企业、政府、事业单位或其他组织。

（2）填写邮箱，登录您的邮箱，查看激活邮件，填写邮箱验证码激活，见图2-14。

图2-14　激活微信公众号

（3）了解订阅号、服务号和企业微信的区别后，选择想要的账号类型（见图2-15）。

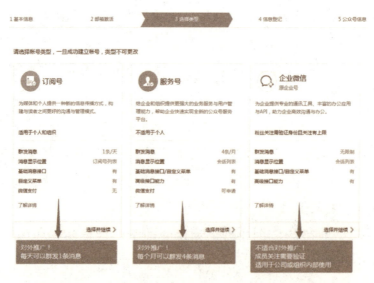

图2-15　订阅号、服务号和企业微信的区别

（4）信息登记，选择个人类型之后，填写身份证信息，见图2-16。

图2-16　信息登记

（5）填写账号信息（见图2-17），包括公众号名称、功能介绍，选择运营地区。

图2-17　填写账号信息

（6）注册成功，可以开始使用公众号了，见图2-18。

图2-18　注册成功

2.13　微信小程序：小程序大功能

小程序，简而言之就是镶嵌在微信内部的小程序，也可以称之为镶嵌在微信中的简易版APP。目前，小程序支持线下扫码、对话分享、消息通知、小程序切换、历史列表、公众号关联以及搜索查找等功能，并且具有"无需安装，触手可及，用完即走"的用户体验。

我们可以想象一下，有了微信小程序，自己就可以开发一个滴滴打车的简单功能：利用GPS定位系统，可以知道司机和乘客的位置，程序可以就近给乘客安排司机。交易完成之后，利用微信支持接口完成支付。实现功能不是很难，但是最关键的就是做好细节，这样才能在激烈的市场竞争中脱颖而出。

小程序的出现对于企业来说，有以下优势。

（1）小程序开发成本低，方便线下服务。微信小程序在开发之前，首先要进行小程序注册，其次申请微信认证，然后申请微信支付，最后小程序绑定微信公众号平台。这样就可以实现线上线下的服务需求。

（2）小程序即用即走，体验性强。微信小程序免安装，免注册，免打扰，没有入口，没有应用商店等，具有良好的用户体验。

（3）微信小程序的社交属性。微信小程序根植于微信内部，本身带有强大的社交属性，并且其商业价值更高，目前涉及小程序的领域有大型商超、旅游购物、沿街商铺等。

例如，外卖小餐馆，一般流程是点单—下单—付款—送餐，每一环节都需要服务员的介入，如果开发一款APP并没有必要，而小程序开发则更为方便，通过扫描店铺二维码，用户就可以完成以上场景，实现自主点餐。

大型餐饮行业利用微信小程序完成排队等位、餐位预定、餐厅点餐、移动支付、会员管理等服务。

微盟创始人兼CEO孙涛勇认为，微信已是超级社交流量入口，但是目前微信没有很好的分发机制，朋友圈广告转化困难，页面转化更微乎其微。"朋友圈广告＋小程序"形成的新生态，可以大幅度提高程序的点击率和转化率，为企业和微信带来双赢。

一旦小程序市场培育成熟，微信将成为无数开发者赖以生存的超级应用市场。小程序带来的微信生态洗牌和变革，为中小企业提供了一次绝佳的弯道超车机会。

2.14 黑名单：清除营销中的垃圾元素

与QQ一样，微信也是存在黑名单的。有时信息过多、过杂会引起人们的反感，如果不想看到这些信息，该怎么办呢？设置黑名单是方法之一。

如果不想收到某个微信好友的信息，可以直接把它放到微信黑名单中，这样此好友的信息你就收不到了。下面给大家详细介绍如何把微信好友添加到黑名单。

① 第一步：打开微信，找到要加入黑名单的好友，然后点击该好友头像。

② 第二步：进入此好友的资料界面，点击右上角"…"按钮。

③ 第三步：点击选择"加入黑名单"。

加入黑名单后，将无法收到对方发送的消息，双方都无法看到对方朋友圈的更新。如果不小心把朋友列入了黑名单，或想把好友从黑名单中移出，这时就需要恢复黑名单。

① 第一步：打开微信，在主界面切换到"我"选项卡界面，点击"设置"选项进入设置界面。

② 第二步：在"设置"中点击选项列表中的"隐私"选项，在"隐私"界面找到"通讯录黑名单"选项并点入。

③ 第三步：点击需要解除黑名单的联系人，在"详细资料"界面点击界面右上角"…"图标按钮。接下来就会在界面底部显示选项面板，点击里面的"移出黑名单"按钮将此联系人从黑名单中移除出来。

④ 第四步：切换到"通讯录"界面，您可以看到对方又回到了你的通讯录中。

如果把对方设置到微信黑名单中，那么在通讯录中是找不到对方的。一般清屏后也不会再找到对方，也无法发消息。黑名单的功效就是帮助人们及时剔除一些对自己无用的客户，或屏蔽一些做广告的垃圾信息，这样就可以节省自己的时间，集中精力专心开发有用的客户资源。

第3章

揭秘微信营销模式的成功之处——微信营销与传统营销的PK

3.1 微信PK微博营销

微信和微博可以说是近几年来新兴的软件"双子星",受到众多用户的好评与信赖。可以毫不夸张地说,在中国几乎每一部智能手机都会安装这两个软件。闲暇时,刷刷微博看一下新鲜资讯,用微信与朋友进行聊天互动,逐渐成为年轻人喜爱的生活方式之一。

微博(Weibo),是微型博客的简称,是一种通过关注机制分享简短实时信息的广播式的社交网络平台。微博是一个基于用户关系信息分享、传播以及获取的平台。用户可以通过web、wap等各种客户组建个人社区,可以发布文字更新信息,并实现即时分享。微博作为一种分享和交流平台,其更注重时效性和随意性。微博可以表达出每时每刻的思想和最新动态。

微信提供公众平台、朋友圈、信息推送等功能,用户可以通过"摇一摇""搜索号码""附近的人""扫二维码"等方式添加好友和关注公众号。同时微信可以将内容分享好友以及将用户看到的精彩内容分享到微信朋友圈。

微博与微信在中国都有着众多的忠实拥趸,这也让营销商家看到了新的亮点:微博营销与微信营销。微博创立的时间较早于微信,其营销起步也较早,在开始之初也创造了辉煌无比的营销成就。微信营销可以说是"后起之秀",不断挑战着微博营销的市场。

必须承认的是,微信的出现在营销方面引起了轩然大波,但是微博营销与微信营销作为两种新兴的营销模式，都有着自己庞大的客户群体，一时间胜负难以预料，更不会竞争到鱼死网破的地步。下面来剖析和比较一下微博与微信的营销模式，以便在选择营销方式时有一个较为明确的判断或者有所侧重。

1. 平台PK

微博选择的是以网页为主、移动客户端为辅的平台策略，而微信则是以移动客户端为主、网页版为辅的平台策略。从这两个方面我们可以看出微信和微博的侧重点是完全不同的，这也就造成了两者在营销策略上的差别。

微博用户发布的信息不会第一时间及时传达到受众面前，它存在时间差。而且人们不可能像携带手机那样随时随地携带电脑，这必定会给用户带来不便，因此也会丧失一部分客户群。

而微信不但消除了用户信息发布时间差的问题，而且人们可以随时随地接收到营销信息，及时性非常强。由于微信侧重移动客户端为主的策略，这也使得微信的移动客户端功能也比微博的要完善，人们可以有更多选择。

2. 定位PK

微博的开放性是众所周知的，其中大部分信息是完全公开的，比如发布的照片、推送的文章、个人信息等。只需要动一下手指，无需征得发布者的同意，就可以关注发布者，信息也大都可以被阅读到。微博更加注重的是传播性。但是微博无法与受众进行实时交流互动，降低了信息传播的效率，这就使得微博的营销功能大打折扣。

微信看起来更像是一个社交平台，与一般的社交软件有相似之处，微信注重的是互动性。对方想要关注你，必须经由你的同意，相比较微博而言，微信的传播广度要逊色于微博。但是，微信注重人与人之间的交流，存在多种形式的交流互动方式，这使得用户在投递信息后，可以及时收到客户的反馈信息，以便不断地改进产品质量，树立良好的品牌形象。

3. 信息推送PK

微博在信息的显示方面，是按照时间排序的，也就是说，微博的阅读是有时效性的，如果关注的商家较多或者长时间不看微博，就可能导致信息被忽略。这也降低了微博营销传播的效果。

微信在信息推送方面就填补了微博的不足，由于是社交平台，再加上智能手机的优势，微信客户端运行后，若消费者关注了商家的公共账号，商家的宣传文字、图片、音频可以直接一对多地到达每一用户的微信客户端中并提示，保证百分百接受。

4. 产品营销PK

微信在信息的投放精准度方面要胜过微博。微信可以和关注的用户进行实时的、一对一的交流沟通，这大大提高了产品销售的成功概率，而且微信还可以通过语音、视频等方式和用户进行更为真实的交流，实现了"零距离"的接触，对产品宣传销售更为有利。

通过以上比较可以看出，微信营销的传播效率要稍高于微博营销，但是两者的发展策略存在很大的不同，两家各有千秋，商家或者企业完全可以两者兼而有之，并发挥各自的优势，扬长避短，让营销达到最佳状态，相信这样会取得更好的效果。

3.2 微信PK搜索引擎营销

提起搜索引擎，人们的第一反应可能是百度、谷歌、360搜索等。所谓搜索引擎营销，就是借助搜索引擎来进行的营销活动，这是当下十分流行的一种营销方式。前几年，一些商家利用搜索引擎的营销活动很成功，而近几年来，搜索引擎营销有下滑趋势。这是因为搜索引擎存在一个很大的问题，就是客户在使用搜索引擎时，如果搜索不到的话，就不可能发生购买行为；而搜索不到关键词，客户虽然很想购买产品，也找不到相应的信息。

还有一点就是备受争议的"搜索竞价排行"，商家如果想要自己的排名靠前，就必须支付一定的费用。同时，商家在竞价搜索引擎的同时，还会遭受到各种各样的意外，比如市场份额被瓜分、恶意点击等。这也使得商家不但在搜索引擎营销中得不到什么实质性的收益，还会接连遭受打击。

随着网络的不断发展和革新，搜索引擎营销已经不能满足商家和企业的营销需求。微信营销的诞生，使得营销方式得到了极大的创新。企业可以借助微信这个新兴的平台来打造、宣传自己，而且由于商家与用户可以进行一对一的交流，因此双方的沟通更加详细和深入。

微信营销相对于搜索引擎营销的优势主要体现在以下几个方面。

1. 微信营销的覆盖面更广

商家可以利用微信全方位地发布自己的信息，一条微信很可能被几千甚至几万人转发，而且微信自带的一些功能，如"查找附近的人""朋友圈"等都会很好地体现微信营销广泛的覆盖性。微信中的其他功能，如发送视频、音频、图片、文字等，都可以将商家的信息更快地传递给客户，客户的购买概率也会增大。

搜索引擎营销的难题是：如果客户在搜索关键词时，搜不到自己想要的内容，那么无论商品质量多好，广告词多么吸引人，都无法实现真正的销售。如果客户搜索的关键词与广告宣传中的关键词无法匹配，广告也很难进入客户的视线范围。此外，关于"搜索竞价排行"，客户在进行关键词搜索时，如果搜索结果不在前三页，客户也很难买到你的产品，如果你的竞价使得自己的产品出现在搜索的第一页，但是客户的购买仍然是小概率事件，以高额的营销成本换来这种小概率发生的事件，有点得不偿失。

2.微信营销方式图文并茂,有更直接的视觉效果

微信能发送图片、视频、音频、文字,这些都能够丰富用户对产品的进一步认知。如果商家能适时展示自己的创意,就能通过新鲜的视觉效果在第一时间打动客户,让客户对产品产生浓厚的兴趣,直接下单,甚至会为你的产品做宣传。比如,店铺更新了图片展示,想在第一时间让变化呈现在客户面前,即使对方没有关注也没有关系,因为微信朋友圈可以帮助你实现。

搜索引擎只能搜索到一些简单的文字和网站,不如微信营销丰富多彩,而且搜索引擎营销大都是商家自己定好的,不会与客户有更多的交流。微信直接的视觉效果会在第一时间抓住客户的心理,引起他们的兴趣,也会让客户有机会全方位了解到商家的亮点。

3.微信营销的成本比搜索引擎营销低

前面提到,除了竞价排名价格的上涨之外,各种不同的恶意点击、市场份额的瓜分等因素使得更多企业不但没有收益,反而深受其害。如果企业利用微信平台在微信开商城,不仅成本低,而且没有恶意竞争,所以在当前微信营销一片火热的情况下,这无疑是传统企业和中小卖家加入的最好时机。

从上面的分析来看,做微信营销成本很低,甚至几乎不需要成本,要的只是流量费用而已。通常在某些纸媒、电视上做的宣传,大部分都是推广品牌而已,并没有得到最后想要的

效果。与此相比，在微信上面做营销，会更加精准、实惠，因此，微信营销的效果十分明显。

3.3 微信PK网络社区营销

可能大家最为熟知的网络社区就是一些论坛和博客了，这的确是比较流行的网络社区平台。网络社区的功能也从最初的交友、聊天、分享一些信息发展到了进行网络社区营销，很多社区用户泡在社区里，聊天、分享乐趣的同时，也会在无意间瞥见一些商家的广告，这些社区用户也是网络社区营销的最大优势。

网络社区营销的最大优点是它所具有互动性。网络社区营销也是网络营销世界里，最具互动性的平台之一，也是区别于其他传统营销方式的重要体现。网络社区营销的实现方式主要有两种，即利用别人的社区网站和利用自己的社区网站进行营销。由于网络社区平台具有很强的互动性，用户之间的交流很多，一旦商家的产品赢得用户的信赖，就可能会"一传十，十传百"，最终实现几何倍数的传播，让更多客户了解自己的产品。

相对于微信营销，网络社区营销的劣势又体现在哪里呢？下面就为您详细阐述一下。

1. 表现形式PK

微信营销已经实现了文字、图片、音频、视频等传播形式的全覆盖，而网络社区营销还停留在文字、图片模式。这样的营销无疑是枯燥乏味的，用户也会感觉到视觉疲劳。

随便点开一个微信营销，内容可谓是丰富多彩，大量精美的图片，并辅以文字说明。如果你不想阅读，还会有视频、音频供选择。新的动态也会在第一时间出现在视线里。而网络社区的平台是时刻滚动的，旧信息会被新的信息所覆盖和取代，用户很难看到。

2. 成功率PK

网络社区是用户进行沟通、交流的场所，虽然聚集了很高的人气，但是这些并非都是客户或潜在客户。人们更希望在这里为了某一共同的兴趣、爱好聊天，他们只会在意那些交流的共同话题，很少去留意广告和宣传语，有的甚至希望网络社区里不要植入广告，这就导致网络社区营销的成功率很低。网络社区里，很多人都是通过写日志、写心情来找到志同道合的朋友，引起他们的关注，取得点击率。这就使得营销的意义也就不再那么明显，从而导致网络社区的营销成功率不高。

微信有着比网络社区更高的人气，5亿多的用户，70%的用户平均每天会开启微信50次，这是强大的数据流量。再者，一对一的营销模式，每一个关注商家账号的微信用户都是商家的潜在用户，而这些潜在用户转化为真正用户甚至是忠实用户的概率很高。也可以这么说，网络社区营销只擅长打表面战争的战场，微信营销则是实打实的一对一的歼灭战。

3.4 微信PK短信营销

短信营销是营销的一种方式。从手机短信功能出现开始，商家就敏锐地观察到了短信的营销价值。只是随着时代的发展，短信营销渐渐衰弱，虽红极一时，但也难抵互联网不断进步的大潮，短信营销的众多弱点也显露无遗。

商家一般会直接随机抽取手机号码，发送商业信息和宣传广告进行营销。但是这种"扫大街"式宣传，真的靠谱吗？

其实，微信营销和短信营销有许多相似之处。首先，二者都是以手机客户端作为实现应用的一个载体；其次，短信营销是通过电话号码发送广告和信息，微信是通过微信账号进行信息的推送，所以，两者的使用介质是一样的；最后，了解到相关信息的都是手机用户。那么微信营销和短信营销的区别在哪儿呢？

1. 微信的营销成本大大低于短信营销

无论进行何种方式的营销，商家的目的就是将产品推送出去。而作为商家，首先考虑的是成本问题。商家只会选择适合自己发展需要的营销方式，如果自身财力有限，自然不会采取高成本的营销方式。

对于商家而言，相比于微信营销，短信营销就是一个不怎么划算的营销方式。现在进行短信营销，群发短信的话，发送一条短信的价格大概是1角钱，那么面对一百万用户的话，商家的成本就是10万元，而这只是一次群发的价格，可能对于有的商家来说，并不是什么大支出，但如果能取得很好的效果，同时又节约开支，商家何乐而不为呢？

进行微信营销，一般都是通过公众号的方式实现的。在微信上进行广告宣传，不必花费一分钱，就可以实现在同一时间内向粉丝进行广告宣传。在成本方面，孰优孰劣，一目了然。

2. 微信营销注重互动式的交流沟通，而短信营销的方式，像是在"扫大街"

短信营销多半是要靠运气的，他们不知道哪些是潜在用户，只是一味地"广撒网"，但是不见得"多捞鱼"，而且大多数人对短信营销抱着一种怀疑的态度，很多人对短信营销的信任感偏低。有的接收者其实并不怎么需要这类信息，如果商家经常发送的话，就会让人产生反感。现在手机软件能定向屏蔽某个号码的信息或加入黑名单，这些都会影响短信营销的效率。

微信营销借助的是企业公众号，是互动式的营销，如果用户感兴趣，可以和公众号进行更深层次的交流，进一步了解产品的信息。这样不但能够发现用户的潜在需求，还会了解用户的潜在要求，这对公司的长远发展也是好事一桩。当然，这也对公众号与用户的互动提出了要求，如果企业不懂得与用户进行互动交流，那么企业的公众号就会形同虚设，微信的优势也就荡然无存。

3.相对来说，微信营销的精准度更高

微信营销的精准度表现在地理优势和人群定向优势两个方面。先说地理优势。举个例子，如果一家餐饮企业要做一些优惠活动来招揽顾客，可以利用微信"附近的人"功能向附近的人群发优惠信息，这样的信息会很容易进入到附近人群的手里。而短信营销的精准度则是没有可比性的，只能靠一些猜测进行发送，可能都是一座城市的号码，但是城市很大，不是人人都会为了一些优惠进行长途"奔袭"的。

利用微信进行营销，优惠活动期间，附近的人来得会很多，这也会为以后商家的经营创造良好的群众基础。对于微信营销的人群优势很好理解。粉丝都是主动进行关注的，说明他们对此很感兴趣，广义上来说，是一群相似之人或是有着共同兴趣爱好之人的场所。例如同程网，关注他们的用户大都是喜欢旅行的，如果同程网进行一些活动，通过微信向粉丝进行宣传，可能会有很多的人响应。而如果是短信营销响应的人可能寥寥，因为不存在人群优势，只能是碰运气。

3.5 微信PK门户广告营销

在中国，相对比较大的门户网站有新浪、搜狐、腾讯、网易等。在中国，这些网站有着强大影响力，在互联网领域也首屈一指，占据着互联网领域的重要位置。影响力的加大必然带来巨大的广告效应，很多企业选择了在这些网站上进行营销，即门户广告营销。

2008年北京奥运会之后的一段时间是门户广告营销的黄金时期。门户网站的广告价格不断飙升，从最初的每天10万元，一路上升到每月千万元之巨，而且形式也只是轮番播放。巨大的广告投入对于很多中小企业来说，显然是负担不起的。知名门户网站的广告价格奇高无比，但鉴于其网站的名气，很多企业选择下血本进行广告宣传投入；较小的门户网站又得不到上网者的重视，这是让许多企业进行门户广告宣传时头疼的问题。

另外，还有一个重要因素就是用户对于门户网站广告的认同感不够。很多用户对这些广告并不感冒，有时会把它当作骚扰屏蔽掉。据有关专家进行的统计显示，在大型门户网站上进行的广告投资中，有50%的广告宣传是白白浪费掉的。大量的网络广告肆意传播，直接导致用户接受广告宣传的意愿偏低，且存在一定的排斥行为。

微信营销相对门户网站广告营销的优势主要体现以下两方面。

1.微信营销是真实的互动营销,门户广告是单边的广告形式

微信营销的实用性很强,除了可以展示产品的基本性能外,如果用户感兴趣,还可以利用微信公众号进行深层次的沟通。由于用户是主动联系企业的,代表着其有购买的意愿,这样达成交易或是发展为潜在用户的机会更大。企业在与用户进行互动的同时,也可以学习,研发出一些符合消费者需求的新产品。所以微信营销很受消费者的热捧,可以说是处处充满人性化的互动。

门户网站广告进行传播的策略是"广撒网,多捞鱼",针对性不强,这些广告不一定就是展示给了有需求的用户。虽然门户网站广告营销也有一定的互动。但是,更多的是展示产品本身的一些性能,在互动方面远远不及微信营销。

2.微信营销的成本相对于门户网站广告营销来说是巨大的优势

采用微信营销,用于获取一个目标用户的成本很低,而且其互动性决定着每一个进行互动的用户都是真切关心或者喜欢该品牌的人,成交的概率很高,相对于每个用户的投入就会显得很低。

综上所述,门户网站广告的投入是巨大的,而且精准度没有那么高,用户也是不一定感兴趣的,这对于中小企业来说是

不可接受的。

  总的来说，微信营销不仅成本低，而且精准度更高，从成本和效果来说更适合企业，尤其是中小企业。

3.6 微信营销与SNS营销

  SNS（Social Networking Services，社会性网络服务）专指那些旨在帮助人们建立社会性网络的互联网应用服务，也就是我们所说的社交网站。但是，这并非是对所有社交网站的概括，而是专门指某一类别的社交网站。比如，比较受学生们追捧的"人人网"、曾经红极一时的"开心网"等。它们最大的特点是实行实名制和现实关系网络的数字化。也就是说，SNS 是将用户和其朋友、亲人、同事等建立线上联系，并提供实名沟通交流的网络平台。

  在一些著名的SNS 平台上，如开心网、人人网，有很多注册账号的好友数量可以达到数万、数十万甚至上百万，他们的影响力丝毫不亚于传统媒体。这样的账号一般都提供发布和转发服务，这也是SNS营销的一种方式，商家可以花钱购买他们的一次转发或多次转发，从而获得发布内容的大量传播，提高产品的知名度。

  SNS营销和微信营销有着许多共同的特点。

1. 营销成本低

SNS 营销基本上是软性推广，所以其成本远远低于广告投放。同时，基于 SNS 网站的用户类型，大多是自己的朋友、亲人等，决定了其传播的主要方式是"口口相传"，所以可以获得二次和多次扩大传播，而并不依赖于它的覆盖面。

而微信只要通过一部能上网的智能手机就可以在微信圈、朋友圈推送一些消息，并通过相互转发达到宣传作用，比 SNS 更便捷。

2. 目标用户精准

SNS 用户基于真实的社交圈，他们在年龄、喜好、地域或者经济水平等方面呈现出较为明显的自然划分，便于企业找准用户群，开展营销推广。

微信圈里的大部分人都是自己熟知的朋友，通过查看朋友圈的动态，能及时掌握朋友的各种需求信息。微信不但精准，而且非常及时。

3. 互动性极强

SNS 网站虽然不是即时通信工具，但是它的即时通信效果也是很好的。可以像微信那样发给好友信息。人们还可以在 SNS 网站就自己喜欢的或当下热点话题进行讨论。可以发起一些投票，提出一些问题。

微信不但支持文字，还支持语音、视频的交流互动，可以说丰富多样，并且随时随地都可以进行互动，而SNS营销还停留在简单的文字、图片阶段，有很大的局限性。

微信营销相比于SNS营销的最大优势就是其强大的用户资源，截至2018年初，微信全球月使用活跃用户数量突破10亿大关，而且还在不断增长中。有人做过统计，70%的微信用户平均每天打开微信50次，这是一个巨大的网络资源。而SNS网站却在不断走下坡路，客户资源也在不断流失，纷纷转向微博、微信。

总之，微信营销几乎囊括了SNS营销的全部优点，并将其优点扩大化。微信营销的成功也是缘于其"站在了巨人的肩膀上"，社会的发展进步总是伴随旧事物的消亡与新事物的兴起，微信营销也是后来者居上，无论从成本还是运营维护上来说，微信营销都成为网络营销中的佼佼者。

第4章

如何运用微信进行营销——11大行业利用微信营销的战术

4.1 餐饮行业如何利用微信营销

很多人以"吃货"自居,由此可以看出人们对美食的热爱。不可否认,美味人人都爱,而中国也是饮食文化历史悠久的国度,所以餐饮行业的发展前景无疑是很乐观的。尤其现在人们消费水平提高,使得人们的餐饮消费也日渐增长,从许多门庭若市的餐馆可以看到这一行业的强大生命力。当然,也不是每一家餐馆都可以拥有着众多的粉丝,对于一些新开的、规模较小的或是地理位置较为偏僻的餐馆,生意可能就没有那么好了。

在众多行业中,餐饮行业是最适合做微信营销的行业,经过这几年的发展,越来越多的餐饮业商家参与到了微信营销的大潮中去。那么,餐饮行业的微信营销应该怎样进行呢?有人认为,这还不简单,我直接在微信上开个账号,然后到餐厅周围发送宣传单,在宣传单上印上微信公众号码的二维码。最后再在微信上为用户送上一系列的优惠券以及最新活动,吸引大家关注。但这样做能收到很好的效果吗?

一些餐饮店散发的传单,上面除了习惯性地介绍本店的特色之外,还会附上本店的微信公众号二维码,来吸引公众扫描,甚至还列出关注本店微信公众号可以享受到的优惠。这是微信营销的一种形式,但是,微信营销方法远远不止如此。

工具是为人类服务的,微信自然也是如此,但工具也不是万能的。如果不能很好地应用工具,就发挥不出工具应有的作用。全国那么多餐饮行业，选择微信营销的也不止一家，为什么顾客一定会关注你们的微信公众号呢？

餐饮行业的微信营销不只是简单的发发传单，印上自家的二维码就可以吸引顾客了，它还有一定的策略。让我们以星巴克的微信营销的成功案例来说一下餐饮行业进行微信营销可采用的一些营销策略。

说起星巴克，大家都不会感到陌生，它是咖啡行业的巨头，引领着中国众多时尚年轻人尤其是白领们的消费观，在中国也拥有着众多店面。自2012年8月星巴克开启了微信营销业务以来，星巴克便受到众多粉丝们的追捧，销售收入大增。星巴克的成功可以为其他的餐饮企业拿来借鉴，利用微信这一平台打造一个全新的餐饮行业。星巴克的微信营销策略主要可以概括为以下三个方面。

1. 经营好微信公众号，树立良好的形象

第一印象是很重要的，星巴克的微信公众号给自己设置了一个标志性的头像和温暖关爱的标签话语。让你在看到它的那一瞬间，就会深深地喜欢上它。用户可以一目了然地看到星巴克对用户的关爱和贴心提示，这会让顾客感到很温暖，同时也会觉得与星巴克之间不是单纯的买卖关系，还可以是朋友关系。这些不但会加强顾客对于星巴克的认知，也十分有利于对星巴克的推广。餐饮行业可以学习一下这个策略，写一些充满温暖关爱的语句，以此来吸引顾客的关注。

2. 粉丝就是潜在客户，不要冷落了他们

星巴克很注重与用户一对一的交流，经常与顾客进行一些互动，这些十分符合年轻时尚一族的口味，比如播放一些音乐曲目等。星巴克的微信公众号推出过一个"自然醒"的活动，粉丝们只需向星巴克发送一个表情，就可以获得星巴克微信团队呈现的音乐曲目。当然，粉丝们还可以与星巴克展开丰富多彩的对话活动。这样不仅达到了与顾客进行互动的目的，还会增加顾客对于星巴克的好感度，同时也有利于粉丝们对活动信息的传播和扩散。

3. 优惠活动及时宣传

当下的星巴克已不满足于文字、图片的营销，它更注重语音、视频的传播。比如在2012年夏季，为了让顾客感受到星巴克的创意和潮流，它们利用音乐和粉丝们进行了互动，并设立了夏季"冰摇沁爽"系列创新的饮品。

星巴克的最新优惠活动或节日活动，都会在第一时间将信息推送到粉丝的手中，使其能够在第一时间了解到相应的活动。不仅如此，粉丝们还可以与星巴克的微信公众号进行一些更为深层次的互动，以求更加详细了解活动的内容。夏季的"冰摇沁爽"体现的是星巴克的创意，这一活动获得了巨大的成功。餐饮企业可以从中学到一些内容，想要获得微信的成功营销，就必须开动脑筋，创造出丰富多彩的活动来吸引粉丝的注意，创意是餐饮行业最好的微信营销方式。

微信对于餐饮业的益处。餐饮行业属于服务行业，服务员是必不可少的。一家餐饮门店，无论大小，都会涉及服务员招聘和服务问题，而微信很大程度上节省了人力成本。

人们就餐时，只要进入微信小程序，就可以根据图片和价格自助点单，付款时直接链接到微信支付，不仅减少了服务员的工作量，而且降低了从顾客到服务员再到厨房的信息传递错误。通过缩短交易流程的方式，也提高了顾客的体验，对于提升顾客的满意度有着巨大的作用。同时还可以推出团购、会员卡、优惠卡券等模式，将能够进一步提升顾客的体验，从而为商家带来更多的人气和盈利的机会。

在餐饮业中，"点外卖"越来越流行，几乎成了一部分人的生活方式，很多餐饮店都加入了一些平台，但是由于平台提成规则，致使很多商家有苦说不出。而商家通过开发餐饮微信小程序，则可以很好地解决这一个问题，将各大外卖平台的功能对接到自己的小程序中，为商家带来更多的盈利机会。

4.2 化妆品行业如何利用微信营销

互联网的出现无疑给化妆品行业带来了希望。如果说互联网给了化妆品行业跨越式发展的"双腿"，那么移动互联网的出现更是赋予了化妆品行业腾飞的"翅膀"。

化妆品行业自身的重体验、重口碑的特点，使得微信营销更为重要，甚至有"相见恨晚"之感。传统的销售模式以及一对一的指导方式显然消耗极大的成本，而且效果不尽如人意，微信营销则正好给了品牌与消费者面对面的窗口，无论是产品的详细说明，还是肌肤的保养等，都可以实现与用户的精准交流指导，在树立品牌的同时，也提高了用户对品牌的忠诚度。

化妆品行业传统的营销模式是等待顾客进店口头告知他们，或是张贴一些优惠活动的海报信息，或是进行短信、电话通知忠实用户，这样的营销方式是简单有效的，但是同微信营销相比，这些营销方法的效率偏低。微信在维护客户群体、促进消费者再次购买的效果上得到了很大程度的认可。

如何做好化妆品行业的微信营销有以下方法。

1. 与客户进行陪聊式对话

微信营销不能被动地让客户看你的信息，而是要进行高效率的互动，才能让客户感到耳目一新。比如，日化品牌飘柔微信平台在添加"飘柔rejoice"为好友后，就可根据选择进入聊天模式。真人版对话式微信，还有能聊天又能唱歌的"小飘"陪伴。

2. 促销活动、二维码

要想进行良好的微信营销，首先需要客户的关注，只有关注微信账号的用户达到一定的数量，才会带来显著的经济效应。如果关注你的粉丝寥寥无几，也就意味着你的潜在客户很少,看到相关活动或者信息的用户就会比较少,那么营销的效果可想而知。

客户数量多,是因为企业良好的形象以及可能为自己提供的便利。想要赢得微信客户的关注,就要给他们一个关注自己账号的理由。除非你的企业是明星企业,拥有很高的知名度。

在这里不得不提二维码的应用,商家利用二维码进行营销已经变得十分普遍,用户利用手机微信对商家关注,省去了查找、搜索等步骤,显得十分便捷。商家可以将自家的二维码印在包装盒、传单、小册子上等用户容易看到的地方。二维码做到吸引用户进行扫描的话,可以用一些小的物质奖励。对于这一点,著名化妆品牌的策略是只要扫描关注他们的微信公众号,就可以成为他们的会员,并可以享受会员的折扣价,或免费获得某些化妆品。

3. 推介产品的方式可以更实际

这种方式是利用微信一对一的精准沟通功能,将官方微信作为品牌展示平台,把产品介绍、特点、功能等结合用户的关注点进行包装推介,从而引起用户的关注,促成购买。

4. 信息不能太频繁,内容要有创意

公众号粉丝的性质决定了这些用户是抱着主动关心商家、主动获取信息的心理加入的,从而决定了这些都是潜在的客户群体,至少说明他们对这个账号抱有很大兴趣。只要能够在用

户的信息获取方面给予最大的、最及时的帮助，就会达到营销的初步目的。

5. 让用户帮你宣传

让买过产品的用户为你进行宣传，让他们帮助转发朋友圈，他们成功介绍一位客户，商家给一些奖励，调动他们的积极性，这样，介绍的人也会越来越多。

6. 推送美容视频

每天或每周不定期发一些视频，关于化妆的方法等，借用这种方式，将自家的产品推出去，肯定也会有很多客户前来购买。商家还可以利用活动，比如玩幸运大转盘，让用户玩起来，刺激他们为得到奖励而在商城里消费。

4.3 家电行业如何利用微信营销

个人、企业、社会机构等都可以注册微信公众号，通过文字、图片、语音等实现与用户的全方位沟通和互动。其优势在于注重点对点的传播，信息的到达率几乎是100%，也就是说，如果关注了某个公众号，订阅信息的到达率是100%。此外，微信推送信息可以在一定程度上取代传统客服，可以通过在微信上即时发布企业最新动态。这些都事关消费者的切实利益，无形中为企业增加了品牌信任度。

许多家电企业看到了微信营销的优点，纷纷利用公众号进行产品的营销与推广。创维家电别具匠心地设置为"用微信扫描二维码达1000次即有奇迹发生"，而且以快闪街舞的方式举行，这个举动在极短的时间内吸引了很多人围观，也吸引了包括电视台在内的媒体关注。

微信平台不只是可以作为产品的一个营销与推广的平台，还可作为一个软件的使用平台，可以让用户更加方便地了解或者使用产品。比如选购空调、冰箱、洗衣机等应该注意的方面、出现的常见故障及其处理方法、省电小技巧等。伴随着微信的发展，家电行业运营出现新的方向，微信带来了全新的营销模式。

随着微媒体工具的兴起，越来越多的家电企业开始接地气。产品促销、客户服务、上门维修等越来越多的生活服务在微信上就可以实现。

1. 建立微商城

家电企业建立自己的微商城，包括产品介绍、优惠活动、预约、附近店面、一键导航、一键拨号等功能，把产品的信息、优势等都在微信端展示出来，从而让消费者了解足够多的信息。

2. 多些互动活动

如果能和用户多一些互动，便能快速地吸引用户的关注及参与，比如优惠券、游戏互动、发红包等，这些微信活动还能提高消费者对店铺的好感度，最终将消费者吸引到店里来购买。同时，还可对老客户定期推送一些祝福的话语，或者提供一些礼品，维系和老顾客之间的关系，增加老顾客对该店的忠诚度。

3.在线预约、摇一摇

针对客户流量比较大的情况，企业商城可推出微信端在线预约功能，可以让消费者在微信端提前预约，操作便捷，同时能省去大量排队等待的时间，商家也可以提前准备，提供更为周到的服务。

4.电子会员卡

在微信上办理电子会员卡，这样消费者就可以直接通过自己的电子会员卡查看积分、可以享受的服务及优惠等。电子会员卡与实体店的会员卡享受一样的优惠或促销活动等服务。消费者到店消费后只需要拿出手机出示自己的电子会员卡即可，极大地方便了顾客，也提高了客户体验。

5.微客服

对于一些常见问题，可建立常见问题知识库，用户点击或是发送相应关键词即可在第一时间得到相应的解答和帮助，方便用户直接在微信平台进行咨询、与客服人员进行沟通。

有些家电企业把微信公众号视作"营销神器",想尽办法做大用户数,然后每天推送大量的无关信息给用户。这种方式其实没有顾及用户的感受,打扰了用户。一些企业在公众号上盲目追求用户数,把平台当作宣传渠道,对用户进行信息轰炸,就像过度开垦土地,只能产生短期效应,最终损害平台和企业自身利益。所以,如何在满足用户的需求上进行信息的推送,又不至于打扰到用户,这才是微信公众号营销的核心价值所在。这就要求微信公众号的运营者真正做到精品化,并充分尊重和理解用户。

4.4 旅游行业如何利用微信营销

当你抛下烦躁的生活、繁杂的工作,一心想要去旅游,享受一下旅行带来的乐趣时,预定火车票、飞机票、酒店、查找景点、旅游攻略,却并不是一件简单的事,虽然它们都在网上可以完成,但是也相当耗费精力。

随着微信用户群体的不断扩大,微信逐渐成为众多旅游企业、景区进行广告宣传的重要工具。对于用户来说,真的实现了一场"说走就走"的旅行,微信也被誉为"旅游神器",因为用户只需要关注景区或者旅游网站的公众号,一切操作都可以在手机端进行,极大地方便了旅游者,使其不必为门票、酒店、线路等烦心。

微信凭借强大的社交功能，快速的传播等优势，成为旅游行业当前最为关注的营销工具，而且微信还拥有数量庞大的用户基础。

旅游行业微信营销是一种快捷的信息化体验，游客不用出家门，就可随时掌握景区情况、天气、酒店、美食等旅游信息。只要关注了旅游景点的微信公众号，该公众号就可以为游客在任何时间、任何地点提供电子门票、服务信息、餐饮娱乐消费导引、远程资源预订、自导游、及时推送等多种旅游服务。

同时，游客还可通过手机客户端发布自己的个性化旅游需要，提供商则通过旅游手机助手为游客提供个性化的旅游定制服务。旅游行程结束后，游客还可以把对旅游服务的意见和投诉意见等通过公众号反馈到旅游企业。

利用微信进行营销的有艺龙网，自"艺龙网"开通微信公众号后，就获得了不菲的回报，如今订阅的用户已经达到了几十万人。

1. 良好的、优质的服务是基石

对于旅游行业的微信公众号来说，首先要解决用户最为关心的问题，比如酒店、景区门票的预订，旅游攻略等。"艺龙网"将微信公众号打造为向旅行爱好者提供服务的平台，适时推出一些高质量的原创或者高转载率的内容，减少了心灵鸡汤的推送，更加注重用户的体验和对用户的关心，比如发布一些旅游时应该注意的事项、可能会遇到的困难等。这些都极大地赢得了用户的信任和喜爱。

2. 搭建自定义的回复接口

用户进行了解的内容很多都是一些火车票、机票、天气、景点等信息,所以根据这一特点,艺龙网在微信的公众号里内置了不少智能对话服务。通过发送"攻略"两字就可以返回预设的旅游攻略,查阅天气、列车、景点等也是如此。很多用户也是将自己的直观体验和公众号进行互动,并提出了大量的宝贵建议,逐步丰富了服务内容。

3. 线上线下的推广渠道

艺龙网在与其合作的酒店、机场等地方放置了自己的微信公众号的二维码、易拉宝,用户通过微信的"扫一扫"功能,就能实现用户对艺龙网微信公众号的订阅。与此同时,"艺龙网"积极拓展渠道,在微博、人人网等平台都加入了微信公众号的宣传,在其发送的内容中也多次通过文字图片植入一些关注微信公众号的信息。另外,还在自建的旅行爱好者的QQ群中推广其微信公众号,起到了立竿见影的效果,而且这些用户的忠诚度会非常高。可以说,艺龙网运用一切用户可能看到的方式进行推广。

4. 策划大量优质的互动活动

利用微信进行大量的活动成为许多行业营销的标配,活动可以增加与粉丝的互动,对于旅游行业自然也不例外。

艺龙网曾经策划过一个非常有影响力的活动，引得同行业伙伴纷纷效仿。那个活动叫作"与小艺一站到底"赢旅行梦想大奖，"小艺"是用户对艺龙网的昵称。艺龙网利用自己开发的具有自定义回复接口的APP，将答题赢得奖品的模式植入到微信当中，采取了有奖答题闯关的模式，最终赢得比赛的用户将获得丰厚大礼。这也激发了广大用户的参赛热情，加上在其他渠道的宣传，使得每日参加活动的用户高达五六十万，微信的订阅用户也同步增加了好几万，而且资金的投入可以说比起微博少得多，这次的活动可谓是个丰收，取得了非常满意的效果。

此外，旅游业的微信营销应还要注意以下两个方面。

（1）尽量多地介绍有趣的风俗民情　微信运营应以内容为王，旅游业同样不例外。旅游本身就是一种探索未知的过程。因此，旅游行业的微信公众号应以各地风俗民情展示介绍为主，特别是具有特点的有趣的展示。如特色历史景点、美食、博物馆等，也包括当地的出行注意、消费须知、文化差异等。通过这些内容，引起顾客的兴趣，适当时要加入视频展示当地的风景或经典片段。

（2）让导游写内容，避免同质化　旅游行业的内容同质化相对较严重，某个地点的攻略在网上一搜，内容大同小异。如果把这些内容摘摘抄抄放到微信上来，那些经常出游的发烧友们就会觉得毫无新意，这样就失去了吸引力。

那么内容上的差异化要怎么做？旅行社本身或多或少都有全职或兼职导游，他们见多识广，让他们写，或者干脆聘请专职人员听他们讲述后整理成文到微信上推送。内容上要讲究体系化的框架和深度，可以把旅行社本身重点经营的路线进行内容规划，形成系列，即使用户暂时不订购，也会津津有味地阅读并分享给微信上的好友。

4.5 服装行业如何利用微信营销

影响服装行业发展的因素很多，很可能一个独具匠心的创意就会使得产品独占鳌头；也很有可能一时没有把握好市场变化的风向标，就使得企业陷入困境。在市场营销方面，服装企业必须找到符合自己产品营销的融合点，才能在激烈的竞争中做强。

在服装行业竞争日趋激烈的今天，如果不能很好地利用网络营销自己的产品，就无法适应当下的市场环境，毕竟现在网上购物是一大潮流，网络店面特别火爆，仅一个电子商务网站上的服装店可能就有成千上万家。例如，很多商家选择在淘宝网、天猫上卖服装，很多品牌服装也都在一些大型的网站进行销售。

随着微信用户的不断增长，许多商家都开通了自己的企业品牌账号。在平台上，商家可以通过与微信好友的互动调查来得到消费者的各种精准信息，比如款式、版型、颜色、品质等。

1. 服装商家要掌握好微信营销的策略

① 查看附近的人。微信中基于LBS的功能插件"附近的人"便可以使更多陌生人看到这种宣传。

② 微信公众号。微信开放平台+朋友圈的社交分享功能，已经使得微信成为一种移动互联网上不可忽视的营销渠道，那么微信公众号的上线则使这种营销渠道更加细化。

③ 二维码。二维码发展至今，其商业用途越来越多，所以微信也就顺应潮流结合O2O展开商业活动。

④ 微网站。微网站源于WebApp和网站的融合创新，兼容iOS、android、WP等操作系统，可以方便地与微信、微博等应用进行链接。微网站开发带来的轻营销模式，更适应现代网站的发展模式。

2. 服装行业在微信营销方面做得很出色

① 通过互动加强用户体验。有些服装企业通过微信创立公众号之后，微信就成为他们投放广告的又一渠道，但却并没有与消费者进行有力的互动。要想通过微信平台赚到钱，就必须将消费者和品牌拉近，建立一定的体系与消费者获得近距离接触，增加与消费者的互动，而不是通过微信平台让品牌不可接触。通过品牌的简介，让消费者对这个品牌更加熟知，在用户的交流和讨论中各自发表观点，不仅能够让消费者更多地了解品牌，也能从消费者的建议中了解到品牌发展的不足和未来方向。

② 抓住品牌的SOLOMO时代。过去，服装企业大多通过线下的渠道终端带来销售，但是现在他们应该考虑怎么跟线上营销结合，驱动更多的人到网店或官网进行消费，也包括店铺怎么运用互联网跟消费者进行品牌分享，这就需要Social（社交）、Local（本地化）和Mobile（移动）的整合，而这正是微信的特点。SOLOMO可以建立数字世界和真实世界的完整的用户互动，可以随时随地通过移动方式拉动销售。

③ 根据品牌理念和企业特点，将服务做到第一位。如果要提高点击率和关注度，就要在微信营销中突出自己的创意，而且要在宣传自己品牌的同时，将服务与技术认知相结合。对于服装企业来说，想要做好这一点并不容易，因为做好这些的前提是要了解微信用户的喜好，了解他们的需求，了解自己品牌产品的忠实者分布在哪些圈子之中，只有将这些准备工作做好才能够做到有的放矢，才能知道与这些客户交流应该用什么样的视觉和语言，才能知道对他们要应用什么样的服务和技术，只有这样才能够在微信营销上达到最高的效率。

④ 跟消费者建立关系。在社交网络，每个品牌都要建立自己的品牌形象。微信借助腾讯拥有巨大的用户基数，这使服装企业在数字世界建立自己的品牌成为可能。

⑤ 市场营销推行方面。微信能够快速树立并维护正面的企业线上形象，精准地推广企业的产品。同时，微信营销的效果也更容易跟踪和考核。

总之，微信营销对于服装行业未来的发展有着不可估量的作用。以目前的发展趋势来看，微信服装网购及线下基于LBS的精准营销，将完全有可能成为未来的服装销售趋势。

4.6 图书行业如何利用微信营销

由于受到网络和电子产品的影响,越来越多的人更倾向于阅读电子书,传统的阅读模式受到极大挑战。

微信的诞生让图书行业看到了新的增长点。传统的图书行业纷纷加入微信,以求在未来市场的激烈竞争中占有一席之地。一些出版社纷纷抢占了微信营销的先机,还有一些知名的出版社也开设了自己的微信公众号,如上海译文出版社、"理想国""铁葫芦"等。另外,还有一些作者建立了个人微信账号,如作家宋毅注册的"战争史",俨然成了一种自媒体形式。微信营销改变了图书行业的营销模式,拓宽了图书行业营销思路。

一般来说,关注微信账号的人都对该账号提供的内容有浓厚的兴趣,图书行业的微信账号自然也是这样的道理。相比于其他行业,这些粉丝的购书频率比较高,种类也比较多。对这些粉丝的营销更有针对性。那么怎样才能做好图书行业的微信营销呢?

1. 获取粉丝们的关注

图书非常适合利用"二维码"进行营销。出版社可以在一些纸质书印上标识相关图书的二维码,或是在微信上进行标识。读者只需要拿起自己的手机对准二维码进行扫描,就可以使传统图书实现多媒体化,就会看到一些文字、图片、音频甚至视频,从而增强对本书的理解和应用。

对于读者来说,二维码带来更多延展性的阅读,可以有更多的互动式的体验。读者在读完某部作品之后,可以对该内容进行评价或转发,也可以与其他读者进行交流,或者推荐给他人阅读,实现线上线下互动。如北京新华先锋出版科技有限公司就在新书《忐忑的中国人》上面印上二维码,从而获得粉丝的关注,提高与读者的互动。

2.高质量的内容推送

相比微博,微信公众号更适合进行自媒体模式,微博的特点决定了它的信息更新快,文章很容易被淹没。微信很好地解决了这些问题,字数空间足够大,每天推送一两条信息便足够。所以在微信上比拼的还是文字功底。

如果文章足够好,自然也会吸引一大批的粉丝。另外,推送的频率不能太高。如果过于频繁,可能给用户带来负担。一般来说,推送的时间也是有些讲究的,应该尽量设置在7:00~8:00,但是如果大多数用户在下班的路上看微信,那么推送的时间可以选择在16:00 ~ 18:00。

3.探索多样的内容形式

出版社在微信上推送的内容应该让粉丝们可以一目了然地看到图书的信息,包括封面与简介等。粉丝们也可以直接点击作品进行在线阅读,既方便又快捷。发布图书信息的同时还应当注重提供多种阅读形式，满足粉丝们的不同需求。

4. 建议统一品牌的风格

这是产品给读者以良好印象的需要。在形式上，可以在每一张图片上加上同一个标签，可以是出版社的LOGO，也可以是一句广告词。比如"理想国"的书，都会印上出版社的格言"想象另一种可能"。在内容上，语言表达一定要有亲和力，为读者创造一个舒适的虚拟空间，方便读者阅读。

4.7 金融行业如何利用微信营销

提起金融，人们想到的更多的是那些枯燥乏味的投资理财、条条框框的各式规定，还有那些读起来拗口、晦涩难懂的文字。其实，那些看起来枯燥的东西完全可以变得生动有趣起来，而造就这一切神奇的就是微信。

在微信上进行金融营销对客户是个极大的便利，它可以使得现在的微信用户不用去银行，甚至也不必登录电脑，就可以进行一些业务的办理。单单就这一点，就足以说明微信与金融行业的许多交集。

最先试水微信营销的金融机构是招商银行，它首推了"在线微信咨询""账户查询"业务。在2013年继续发力，推出了"信用卡微信"业务。招商银行的特色就是通过微信公众号与客户进行一对一的沟通交流。此外，招商银行的公众号还提供给了用户通过自定义的菜单查看账户信息及活动政策的服务。

中国银行在微信营销方面的经验也是值得借鉴的。打开中国银行的微信公众号界面，进入之后，映入眼帘的是微信客服为用户提供的一系列的贴心服务。通过中国银行客服的引导，你可以进行任何关于投资理财、信贷储蓄问题的询问，这些询问也都会得到及时的解答。另外，中国银行的微信公众号还为用户提供了一些便捷的服务，比如"金点子"和"小助手"等。点击"小助手"，会发现更多更详细的服务内容，比如最新的利率、外汇牌价等。

这么方便的快捷服务，只需要将手机与中国银行的银行卡账号进行绑定，手机上安装微信的客户端就足够了，这样就可以足不出户来办理一切业务，轻松享受微信营销带来的全新的金融体验。另外，中国银行还准备了一些贴心的服务，当你需要去周围的网点办理一些业务，但是又苦于无法知道具体的地址或不知如何选择合适的乘车方式赶到网点时，点击中国银行微信公众号的"小助手"中的"周边网点"，它就会帮你找到离你最近的网点，还有最适合的乘车路线。

在微信中，中国银行又将微信公众号成功地与中国银行信用卡中心的业务相关程序联系起来，实现了一体化的流程服务。

· 中国银行、招商银行这些金融企业为微信营销开了一个好头，其他的一些金融机构也纷纷加入到了微信营销的队伍当中，大都参照中国银行、招商银行的方式开通微信公众号进行营销。而且，这样的营销方式是双赢的，用户可以得到更加便捷的服务，省去了很多时间，对于金融企业来说，微信营销的模式，不但成本低而且回报率高，是金融行业的最佳选择。

需要注意的一点是，金融行业的性质决定了它的枯燥无味的特点，所以增加一些有意思、趣味性十足的版块是十分必要的，就如中国银行的"小助手""金点子"一样，这样不但能够吸引更多用户的关注，还可以改变人们对金融行业的看法，更有利于企业的宣传和营销。

其实，金融行业的微信营销并不是这么简单，下面介绍一些方法可供参考。

1. 提供专业知识

金融行业是一个投资理财机构，所以把握住它的服务宗旨，即为人民理财，让钱生钱，从而为用户提供专业性的投资理财知识，这样用户才能放心地把钱交给金融机构打理。在这方面，中国光大银行就做得很好，它经常给客户推送一些专业的理财知识，备受用户的喜爱。

2. 提供超出客户预期的服务

银行不缺顾客，这是毋庸置疑的，每天都有大量的顾客主动到银行办理业务，这样的话，获得大量的微信粉丝是很简单的事，但如何牢牢把握住这些粉丝却不是件简单的事，面对那么多的顾客，只有提供超出客户的服务才是王道。

比如，招商银行就独树一帜，在微信上有一项业务非常吸引人，那便是它可以使用招商银行、工商银行、农业银行、建设银行、邮政储蓄银行、光大银行的借记卡，通过招行手机银行快速通道为招行信用卡还款，而且手续费是免费的，这样的服务相对还是比较有吸引力的。

所以，只要在服务上为客户提供便利，那么金融行业的微信营销也就变得简单了。

4.8 房地产行业如何利用微信营销

运用微信进行房地产行业的营销，可以说超出了众多人的想象。房产对于一般人来说是非常重要的，人们会相当谨慎。但是随着微信的发展，在微信上进行房地产营销也悄然深入到了大众的日常生活。也是在这样的环境之下，微信拥有的"人多势众"的优势和高端用户特质，使其成为房地产行业营销的助推器，对房地产行业的销售帮助很大。

在利用微信进行房地产行业营销方面，中国的知名房地产企业"碧桂园"成为第一批"吃螃蟹的人"，"碧桂园十里银滩"项目就是通过扫描二维码与客户进行的互动活动，参加这次活动的用户还可以获得奖品。这个活动促进了开发商与客户之间的联系，开创了中国房地产网络互动营销的新时代。

碧桂园的微信营销使得一批房地产开发商也纷纷注册了自己的微信官方账号，进行微信营销。

利用微信进行营销的最大优势不是微信的广大覆盖人群，而是微信对于客户的精准定位。拿一些购房团来说，如果使用微信就可以为开发商刷掉一大批"混吃混喝"的人，这样带来的当然是成本上的节省。另外，在后期还能对现场看房者进行二次或者多次信息的发送和邀请继续看房买房。当然，房地产行业进行微信营销的方式不只看房这一种。

微信营销在营销中的地位得到了充分的认可，为开发商与购房者之间的沟通提供了便利。对于购房者来说，只要对开发商的楼盘感兴趣，就可以通过扫描二维码进行关注，随时随地了解楼盘的最新资讯。对于开发商或者置业顾问来说，微信就是情感营销的工具，能够通过这种方式与客户进行更加深入的沟通与交流。当下，微信也成为房地产行业营销的利器，应用也在不断增加。那么房地产行业的微信运营之道是什么呢？下面我们来分析一下。

1.重视微信营销的服务

对房地产行业的公众号进行关注的粉丝大多数是有购房意愿的人，至少是有购房需求的人，他们就是潜在的购房者。而粉丝们之所以关注公众号无非是想更多了解楼盘的信息，所以开发商应该积极满足这一需求。比如，楼盘的最新价格、楼房开盘时间、购房的优惠、买房的手续问题。这些是购房者想要了解的基本信息，也应该是开发商的微信营销中为用户提供全方位提供信息的重要部分。当相关客户在买房时遇到一些疑问时，开发商应该通过微信及时地做出解答。此外，开发商应该第一时间提供楼市快讯，让客户随时随地掌握房地产动向。

2. 赢得众多粉丝的关注

拥有众多粉丝群体才会带来财源滚滚，所以赢得更多的粉丝关注是每个商家都应重视的事。利用微信进行房地产营销的方法同其他行业也有相似之处，由于二维码使用简单、方便，使其同样受到房地产行业的青睐。通常，开发商会在展位、宣传板，或传单上印上微信二维码，引导客户扫描关注微信公众号。如果适时地增加一些优惠的话，就会有更多人扫描二维码，进而实现对开发商的关注。

赢得粉丝关注的方法很多，这需要开发商集聚智慧，想出有创意的点子进行营销，以得到更多粉丝的关注。在这里，罗列出一些方法，开发商可以采用。

① 公众号营销很重要，但是推送的内容一定要高质量。

② 线上线下进行公众号的推介，以吸引关注者。比如微博、QQ、人人网等。

③ 置业顾问应该学会使用微信与业主、准业主互动，提高工作效率。

④ 置业顾问还可在朋友圈发送一些楼盘信息，最好是一些图片，让客户在不忙的时候进行观看。

⑤ 须谨记的一点是，微信只是一个营销工具，希望仅依靠一个微信就一劳永逸是万万要不得的。其他的渠道比如报

纸、电视、门户网站、微博等还是需要进行尝试的。

3.活动的推介是很好的武器

折扣、奖品是最为常见的促销手段。对于一些购房者而言，买房已是一笔很大的投入，房地产开发商进行的一些活动会为购房者省下一大笔钱。打个比方，均价为10000元/m²的100m²住房，市值就是100万元，如果开发商打出98折，就可以省下20000元。这对购房者来说是笔不小的让利。所以，买房的人都会随时关注地产的动态，尤其是微信营销活动。比如"保利集团"十楼盘联动，推出了8.8折大酬宾，十个项目均以一口价的方式推售出优惠，购房期间上门看楼的客户可获得精美礼品，成交的用户还可以参加抽奖活动。

4.9 汽车行业如何利用微信营销

微信营销势不可挡，让众多汽车企业纷纷加入进来。原因除了车市的增长缓慢，自身需要找到一些营销方式上的突破点之外，还在于微信营销的魅力所在。微信营销是很好的宣传品牌的渠道，通过微信，用户能够在第一时间了解到想要关注的信息，比如某款车的市场价格、新款的上市时间等。微信方式无疑比电话咨询的方式方便很多。

汽车行业的微信营销流程是微信用户通过关注汽车企业的官方微信号，订阅自己所需的信息，商家则通过这样一个平台来展示、推广产品。如果消费者想知道某款汽车的情况，添加相应官方微信，在它的历史信息里就可以全盘浏览信息。

微信营销的方式有很多种，每一家汽车企业都可以自由选择，比如奇瑞汽车、吉利汽车是通过"二维码""附近的人"等微信营销方式让更多陌生人看到，实现销售的目的。不过对于一个成功的微信营销，这些是不够的。对于车企的微信公众号需要把握的有以下三点。

1. 获得客户的关注

微信公众号只有通过获得消费者的关注，才能向他们发送一些信息。所以企业一定要通过各种方式、各种可能的宣传渠道来获得消费者的关注。用户通过扫描二维码实现对汽车业企的关注是最简单的关注方式。对于汽车企业而言，需要做的就是吸引更多的人来扫描二维码，实现粉丝的增长。买车毕竟是一笔较大的支出，可以用折扣和较大的优惠来吸引用户关注。这样，微信公众号不仅仅能够为用户提供实惠，还可以与用户构建信任，获得互动。

2. 回复用户的咨询

微信的一对一聊天功能能够实现商家与消费者的直接互动，这便于商家了解消费者的需求，比如车辆的类型、购车价位等，并利用专业的知识，给消费者提出合理化的建议，这样交易更容易达成。

例如，一个消费者准备购车，价格在20万元左右。这时，商家需要了解的是消费者购车的目的，是为了简单的上下班，还是为了结婚，还是为了家人购买。为了家人购买，可能就要突出车的空间优越性能，为了结婚，可能就要选择一些浪漫的车型或者色系。

3. 推送一些促销信息

优惠活动是常见的促销方式，这些信息可以通过微信及时推送。可以适当地赠送一些优惠券或者小礼品，这些不但能赢得用户的好感，还会对口碑营销起到很好的促进作用。

但是，赠送的这些礼品需要注意一点：礼品应该是独一无二的，最好是有企业特色礼品。赠送优惠券是活动营销的另一种形式，就是让客户在已有消费中体验到优惠，最好体现出线上与线下的差别，最好让消费者在之后的微信预约汽车保养及维修方面得到优惠。

4.10　娱乐行业如何利用微信营销

娱乐行业的微信营销早已不是什么稀奇事，走进一家影院或KTV时，总会看到一些竖立的牌子，大多是一些利用微信展开的活动等。其在醒目的位置一般都会印有二维码，吸引消费者扫描，参与到活动中来。利用微信订购一张电影票或者KTV中的一个包间，这也成为许多年轻人的选择，不但方便快捷，还可享受一系列的优惠活动。

在微信营销方面，很多企业取到了良好的效果，在赢得粉丝们的信任或者粉丝们的追捧之时，也获得了丰厚回报。在这些企业中，宝乐迪量贩KTV是其中的翘楚，受到了广大同行的关注，并纷纷效仿，堪称是微信营销成功的典范。那么我们来看一下这家的微信营销方式吧，或许可以从中获得一些启发或借鉴。

宝乐迪量贩KTV很注重在微信公众号上与粉丝互动，经常举行一些有创意的互动比赛。比如，通过一些小游戏或问答来激发粉丝的参与，最后获胜者会有一定的奖励，这些奖励可能是KTV的一些优惠活动或者优惠券等。这些看似不起眼的小活动却可以带来不一样的体验，提高粉丝的黏性。良好的口碑就会在粉丝中形成，达到口碑营销的良好效果。

另外，宝乐迪量贩KTV的微信公众号还设立"K歌达人"的版块。粉丝们只要唱出一段，连续答对5题，就可以获得KTV两个小时的免费包房时间。当然，如果你没有达到这一要求，只是连续两道的话，也会有相应的奖励，那就是他们提供的免费饮料或者代金券。

看起来，虽然商家的营销是吃亏的，但是这样的营销方式很容易形成一定的影响力。一个粉丝获得优惠，那么他身边的好友就会知道这种营销方式。那么，一传十，十传百，很快就会扩大消费群体,这对KTV来说,可以说是一箭双雕,不仅获得了丰厚的利润,还使得KTV得到了很好的宣传。

营销方式应更加多样化,充分利用"摇一摇""附近的人"功能,向周围的人发送KTV的最新活动,吸引他们参与到活动中。

微信营销在娱乐行业的走红,也使得很多企业纷纷推陈出新,在服务方面更加周到细致。一些电影院的公众号,除了向用户发送一些优惠券之外,还提供了新颖的服务。例如,可以通过微信在线选座位,在线支付,节省了排队时间,还可以获得观看电影的最佳位置。

4.11 互联网行业如何利用微信营销

据可靠数据显示,目前的网购用户中,手机用户已经超过了电脑用户。也就是说,手机购物代替电脑购物已成为主流的网上购物模式之一。时下比较流行的关于手机的调侃话是"手机已经成为人身上重要的器官""你睁开眼之后的第一件事和晚上闭上眼之前的最后一件事可能都是玩手机"。移动互联网的参与人数之多,参与时间之长都是电脑无法相比的,由此,越来越多的互联网企业转向了移动互联,转向了微信营销。

对于互联网企业而言,微信营销的优势很多。他们不但可以利用众多的方式（如文字、图片、语音、视频等）与用户进行一对一的交流，还可以利用自身的公众号实现APP与电商本身内部数据结合，实现用户咨询、商家促销、客户服务等的一体化服务，最重要的是这些功能是完全免费的。微信中还有支付功能，这样可以直接实现在微信上在线支付。

微信的功能越来越多，也愈发完善。微信营销的高效率、低成本越来越受到互联网企业的青睐。知名互联网企业、国内电子商务企业当中的翘楚"唯品会"就是其中一个成功的互联网企业进行微信营销的案例。

唯品会利用微信进行营销，不但实现了与用户的一对一沟通，增加了顾客对网站的感情，还设置了一些小环节来吸引潜在客户的加入，提高自身的吸引力。比如通过点击"微特权"，你会看到网站会为你送上尊贵待遇；点击"摇一摇"，你会拥有不同的新鲜体验，有可能是劲爆大奖，也有可能是其他意想不到的惊喜。

唯品会为其他的互联网行业的微信营销做出了示范，说到底，微信营销的目的就是吸引更多的粉丝，让粉丝满意商家的服务，从而宣传和拓展商家品牌信息。多开动脑筋，想出一些很好的创意，是每一个互联网企业进行微信营销的必备策略。

互联网企业与用户之间的很多问题都可以通过微信解决，包括客服、促销、反馈等。这些是之前的营销方式不曾达到的。由此看来，微信营销可以说是互联网企业进行营销的最佳平台。那么，互联网企业应该如何运用微信进行营销呢？通常的做法有以下几种。

1. 确定目标人群

不管是传统门户、地方门户、行业网站，对于任何一个网站来说，都需要首先确定自己的目标人群。比如人群类别、年龄阶段、学历程度、兴趣爱好等，都需要在网站微信推广的初期就考虑到。

2. 合理设置栏目

栏目犹如人的"五官"，所以栏目设置是非常重要的。在设置栏目的时候，一定要把握好人们关注的东西。比如当地的热点问题，一些机关的服务信息或电话、商家的促销信息等，这样才能吸引用户的眼球。

3. 把微信作为线下推广的利器

以前，做活动推广的时候要发短信。现在有了微信，只需让客户关注微信账号即可。

4. 微信签名要突出一个"奇"字

微信签名是客户第一眼看到的，所以要有点创意，才能让客户记住品牌。如果经营的是一家地方性招聘网站，就可以将签名设置为"地方招聘，有求必应"，或许这样的签名更能吸引搜索的客户。

第5章

如何赢得微信营销的胜利——微信运营策略和技巧

5.1 账号策略：微信账号是"门面"

俗话说"人靠衣装，佛靠金装"，这句话虽不完全正确，但是也点出了外观因素的重要性。微信营销也是如此，设置一个容易被人记住的账号，取一个完美的名字，会有助于俘获消费者的心。放眼观察一下所关注的公众微信账号，账号或名字是不是都比较容易被记住，是不是大多数都是好看且形象的"靓"号？

在微信营销中，给自己起一个很好的名称是非常关键的。

账号是"门面"，在众多账号中，当然是那些"靓号"更容易引起消费者的注意。有注意就有被关注的可能，之后的营销才能展开，才会做到水到渠成。

现在一些企业喜欢在微信公众号中用一些较为复杂的符号，可能还是大量的应用，这很难被记住或搜索到。这在微信营销中是万万要不得的。这有悖于容易被记忆的宗旨，而且搜索起来十分费劲，也会影响消费者关注的热情。总之，一个好的公众号应该具备的特点是本着目标人群出发，不但容易记忆，而且要便于传播。

就拿国内最大的女性时尚购物社区"美丽说"的微信公众号来说吧。在这个微信号中，没有什么下划线，也没有其他杂七杂八的符号，完全就是"美丽说"的拼音，这样不但可以方便用户的输入，读起来朗朗上口，而且很容易被消费者辨认出来，也很容易被关注。

"美丽说"这个微信公众号,可以说是简洁大方,一目了然。而且,还有一个细节就是"美丽说"头像(见图5-1)的设置,采用的是一朵粉色的小花,简约又时尚,透露出女性独有的粉色情节,像是在诉说心事,又像是在同广大女性进行分享时尚秘籍,看起来温婉动人,再加上名字与女性时尚购物定位的完美结合,让广大女性不由自主地心生好感,吸引更多的粉丝关注。

图5-1 "美丽说"头像

再来说一下"麦当劳"的微信公众号(见图5-2),打开麦当劳的微信公众号,首先映入眼帘的是醒目的"M"这个字母,大家都不会感到陌生,这是麦当劳的品牌标志,这个简单的字母看起来又不是那么简单,它将自身的品牌与微信公众号联系在了一起。就单凭这个字母加上麦当劳自身的品牌形象,就会赢得很多用户的关注。微信号是英文名称,这样的形象更具国际化的时尚潮流,与国际接轨,也显示出了麦当劳的品牌概念。另外,麦当劳明白自己的消费群体大多是年轻时尚、有文化的青年人。因此,他们的设置就针对这些人群的特点和习惯。所以,麦当劳的微信公众号具备年轻人所喜欢的简约、时尚的特性,并且不失国际风范。

图5-2 "麦当劳"微信公众号

无论是"美丽说",还是"麦当劳",在它们身上可以发现这样一些共同点,也是很多企业学习的重点:①方便记忆,让用户看到一眼,就能深深地刻在脑子里;②分析自己的目标人群,主动迎合他们的需求,比如麦当劳的简约、大方就迎合了年轻时尚一族的审美观;③名字不是越短越好,但也不能太长,更不要掺杂一些数字、下划线等一些看起来特别不具美感，读起来又十分拗口的符号。具备以上特点的账号，一般都会方便用户记忆，企业的形象也会得以体现，从而吸引更多的粉丝关注。

玩微信，一定要注意账号的名称。一个好名字能体现出公众号的行业、内容、服务、价值等信息，这让感兴趣的用户能快速关注。那么，究竟如何取名呢？微信公众号的取名技巧如下。

（1）垂直法：行业名＋用途。例如，微杂志（weixinzazhi）、微法律（weifalv 001）、豆瓣同城（douban-event）、百度电影（baidu_movie）等。

（2）提问法：以提问的方式取名。这个可以理解为你问我答。例如，"什么能赚钱"，答案就是"关注我的微信号就知道了"。而名字则取决于问的问题。比如：

①"奔影今晚看啥"（jinwankansha）帮你发现喜欢的电影；

②"什么能赚钱"（hexun_money）低风险、无风险产品即时推介，省去大量时间；

③"赚钱的那点事儿"（zqdndse）推荐给网友能够赚钱的投资品种和技巧；

④"什么值得买"（smzdm.com）每天发送经过精选的当天发布的网友投稿、消费提示或精品促销信息。

（3）功能实用法：展示自己的用途或服务。例如，鹰漠旅行（innteam）用途就是订酒店。

（4）百科取名法：加上"百科"二字。名字中加上"百科"，就显得你的内容非常广泛。比如，百度百科（baidubaikev）最全面、最详细的知识大全。

（5）直接命名：直接以企业名称或者服务、产品名称作为微信公众号名称。例如，天猫（tmall01）个性化微信营销。

（6）另类取名法：名字很不一般，不遵循常规的取名方法。这类取名一般都是奔着：新鲜、好玩、有趣、有料的形式去的，想做搞笑娱乐类的可考虑。比如，槽边往事（Bitsea）、琢磨先生（zhuomoweixin）。

（7）形象取名法：将企业形象化或者是服务产品形象化的一种方法。它是把具体的事物或者抽象的事物形象化，从而来取名的，可以用拟人、比喻等手法来实现。例如，篮球公园（lanqiuwx）是最新的NBA、国内篮球资讯，明星新闻，篮球爱好者的家园。

（8）其他取名法：从地域或大家比较关注的问题着手。可以参考下百度指数，看看人们对哪些事件或者问题更关注。例如，健康、天气、心理、爱情等都是大家比较关注的内容。以此方面取名的有：健康生活常识（jkshcs）分享健康小知识，生活小知识。此外，企业取名还可以采用区域加行业，比如北京网络营销课程公众，北京网络营销培训公众，北京活动资讯。

知道了取名的技巧，还要知道取名的忌讳，一般来说，微信公众号的取名要避免以下几点。

1. 不要使用太大众化的词汇

如果你要给一家KTV起微信名，就别起什么"K歌""唱吧""欢唱吧"这样的名字。虽然大家都熟悉的这类词汇，但没有特色，用户很难关注。再比如做汽车媒体的微信号，一定切记避免起"名车汇""汽车大全"这样的微信号，如果非要用这样的名字，建议在前面加上地域名，如"北京超跑名车汇"，或"上海汽车大全"，这样比较容易引起地域粉丝的兴趣。

2. 不要用一些比较冷僻的词汇

切忌起大家比较生疏的或是没有相关关键词的名称。因为微信公众号属于封闭性平台，基本都是靠着微信搜索来关注的，如果微信公众号没有大的微博宣传转化，那么就一定要起和微信内容相关的名字。比如一个法律咨询类的微信号，非要使用自己名字"民法段波"作微信公众号名称，这样的名字只有搜索"民法"才能有排名，段波是没人会去搜索的。

3. 名称不能太短或者太长

比如北京普通的川菜餐厅，一定不能起"美味"或者"川菜美味"这样的名字。这样的名字，第一没有特点，第二太过于宽泛没有针对性，对于微信搜索引擎来说，这样的关键词就会排名靠后。反之亦然，比如"杨幂刘诗诗范冰冰林志玲的那些事"这么长的名字，对于粉丝来讲就意味着不专业，一看就失去了兴趣。最佳的名字长度为6～8个字，最好使用2的倍数，因为大多数关键字都是两个的，比较好的起名比如"儿童睡前故事"，这样取的名字无论搜索"儿童""睡前""故事"都能有比较好的排名。

5.2 内容策略：微信内容是"灵魂"

如果说微信公众号是微信营销的"脸面"，那么微信内容就是微信的"灵魂"。微信营销内容为王。优质的内容能够快速赢得消费者的信任，更容易被分享到朋友圈，把更多的潜在客户转变为真正的客户，由此可见，微信内容之于微信营销的重要性。

微信中的每一个用户，都是你实实在在的真实用户，你推送的微信内容有90%的人都会看到。如果你的内容粗制滥造，关注你的用户学不到东西，就不能引起用户的兴趣。那么，他们就会感到失望，再看到你发送的内容，也不会打开去仔细看，甚至会取消关注。

现在很多企业也在犯这样的错，以为微信如同微博一样，可以对顾客推销大量的广告，其实，这是很大的误解。如果不顾粉丝们的感受，只把微信当作群发广告信息的工具，且发送的内容粗制滥造的话，那么你一定会后悔的。因为，粉丝们不是被动的接受者，他们可以因为喜爱才关注的，也会因为无休止的广告而取消关注。当他们取消关注之时，很可能意味着对你是永远地关上了大门。

高质量的内容是赢得关注的关键。发送一些文字，会让人有亲切之感；发送图片、图文，则感觉会更好。目前主流的方式就是图文模式。那么，怎么做才可以做到高质量的图文推送呢？这里有一些注意事项，或许可以帮到你。

1. 专业内容很重要

闻道有先后，术业有专攻。做微信平台一定要做与自己行业相关的内容。不仅能让用户感受到企业的专业性，还能提升品牌影响力。"加多宝"之所以做得好，是因为它们只卖凉茶。人们一到夏天就会"怕上火"，自然想到了加多宝，抓住了用户的心理。专注，会让企业更有未来。

2. 故事情节营销内容是高招

一个好看的电影必然在故事情节上有过人之处，它们通常在悬疑、爱情、友谊、动作、亲情等方面表现得很到位。那么一篇好的文章，同样需要有精彩的故事情节，这样才能受到浏览者的喜欢甚至转载。微信之所以火爆，是因为每个用户"孤独的心"都需要得到肯定与陪伴。让用户融入有故事情节的文章中去，会让用户感觉微信公众号的"亲和力"，自然而然也会增加新的用户。

3. 尽量写图文信息

附带上一张图，能增加文章的趣味性，吸引读者的注意力，同时也会起到点缀的作用，就像是绿叶点缀于红花一样。平常要养成收集图片的习惯，这些照片最好跟自己从事的行业有关。

4. 平时注意多积累素材

如果想达到文思如泉涌、下笔如有神的写作境地，就要注意平时多积累素材，比如养成每天写文章或是经常阅读文章的习惯，并记录下来自己读后的感受，这会在写作的时候充满灵感，不至于文思枯竭。

5. 注意选择不同的文风

幽默的语言风格能够激发读者的阅读兴趣，严肃沉稳的语言风格能够营造出"高端、大气、上档次"的感觉。具体运用哪种文风，要根据营销主体选择。如果是开茶楼的，就可以多用诗词风格；如果是销售儿童玩具的，那么选择通俗易懂带有童谣风格的文章会显得更加亲切。

6. 注意内容选材

微信内容的选材要根据个人特长和营销主体来确定，我们还要把握以下两点。

① 要注重内容的实用性和趣味性。具有这两种特点的内容是很多用户都非常喜欢的。闲暇之余读一些有趣、实用的知识，不但能够增长见闻，还能给自己带来快乐。所以说，做微信内容时一定要考虑其实用性和趣味性。

② 要注重内容的多元性。微信营销主题过于单一的话，会显得有些干涩，广告痕迹太明显容易引起用户的反感，所

以，微信内容应该适当多元化。但如果内容太繁杂、太多，就会淹没主题，所以，内容的多元化也要适度。

不管微信内容如何变化，都不能脱离主体，否则就失去了微信营销的意义。如果汽车销售顾问想利用微信营销推广自己所销售的品牌，提升自己的销售业绩，那么，就不能为了吸引用户而总是发布一些笑话。如果这样做了，那么用户根本不知道你是汽车销售顾问，就算想买车也不会想起你。正确的做法是：除了介绍汽车参数、性能、价格之外，你还可以介绍一些汽车历史、保养技巧、开车注意事项、汽车设计知识等内容。

7.字体应该尽量大些

手机屏幕的大小是固定的，如果放大字体，读起文章不连贯；字体小了，又会觉得眼睛疲劳。所以尽量要采用合适大小的字体，而不是单纯以自己的习惯来写。

8.不要出现错别字

错别字不是什么大问题，却会在一定程度上影响人的心情和对文章作者的印象。所以，最好在撰写完毕后校阅几遍。微信上的读者也是很犀利的，任何一个字书写错误，都会有读者发来消息进行指正。群发消息之前，最好先发到自己的手机上预览一下效果，然后做出调整。

微信营销策略深度解析

9. 注意图片的流量

手机上的流量依然是很受关注的一个问题。如果不是特别需要，就不要在微信推送的消息中加入太多图片。对于大图，一定要先进行压缩，因为这些图片会消耗掉用户很多的流量。

10. 内容不宜过长

有的人在朋友圈里洋洋洒洒，一发就是几百字甚至上千字，这些做法都不妥。第一，朋友圈正常显示的内容只有六行，约120字，超过就会被隐藏起来，需要点击才能看到；第二，读者的心理期待不同，在起点中文网上，大家的心理期待是几千上万字，而在微信这样的社交平台上，读者的心理期待是碎片化的文字内容。如果文字过多，就超出了他们一开始所预设的心理准备，从而使读者无法产生继续阅读的兴趣。所以，短小精悍是微信内容的要义。

那么，如果要发比较长的内容，该怎么办呢？可以发在公众号，然后再转发在朋友圈，或者可以分成几条来发。

11. 学会运用评论功能

如果太长的内容分开发会影响信息的完整性，不利于阅读，那么还有一种办法就是运用朋友圈评论功能。朋友圈的评论都是自动展开的，也就是说，无论你发多么长的评论，它都不会折叠起来，而会全部展示在朋友圈。

对于微信营销来说，有时就必须先忘记营销，如果只是把粉丝们当成赚钱的工具，过度推送广告，那么，被粉丝们抛弃是迟早的事。谁会订阅一个天天发送微信广告的公众微信账号？所以，把握好发送的频次，推送高质量的内容，就一定会给企业带来价值。

5.3 圈子策略：微信圈子是"摇钱树"

微信的作用就是帮助我们经营好自己的圈子。在互联网时代，我们大多数人都建立过自己的圈子，也生活在这样的互联网圈子当中，比如QQ群、微信群，这些圈子里大多是朋友、同学等。有着相同的爱好，也是可以组成一个圈子的，比如营销群、读者群、电商群等，加入这些群可能会有找到家的感觉。

了解了圈子，下面就来谈一下如何利用圈子进行营销。微信提供给了用户多种交流的方式，可以使用文字、图片、语音等跟朋友、家人、同事等进行沟通互动。其实，微信不仅是在经营人与人之间的关系，还是在经营人与人之间的圈子，把圈子里人与人之间的关系变得更加紧密、更加的有价值，并外延使圈子外的人也可以成为圈子里的人。

通过圈子进行营销活动，就要做好交流、互动。进行沟通和互动，当然要有话题，没有话题也要制造话题，制造话题最好的方式就是活动。平时大家都没有时间进行沟通，可以设定一个固定的时间让大家进行互动和交流。

在圈子中要想获得众人的喜欢就要学会多赞美。微信好友每一条内容下方，都可以赞或评论，相信你也经常赞或被赞。每个人都喜欢被赞美，被表扬！经常赞或评论，就跟经常电话交流一样，让你的好友很快就能记住你。这样才能真正意义上做到朋友间的：交流—交心—交易！

在微信的世界里每个人都生活在圈子里，如果我们能够做到鼓励他们进行分享，这无形当中就会给企业带来更大的影响力以及更大范围的品牌传播。当然，要形成鼓励他们进行分享的机制。奖励就是其中的一种，即用利益进行驱使，分享到朋友圈之后会有怎样的奖励。一旦大量的人帮你在同一时间进行分享，信息就会迅速传播。

线上的圈子很重要，要引起足够的重视，线下的圈子也是同等的重要，不容忽视。如果我们能够做到线上线下的交汇融合，这会是很好的一件事，能够帮助我们迅速扩大自己的圈子，取得很多的用户数据。线上很多圈子，如朋友圈、商业圈等，圈子就是做最精准的客户数据库营销。

在这个方面，小米算是做得相对成功的一个。小米不但组建了全国在线小米同城会群，如上海小米同城会、北京小米同城会、大连小米同城会等。还积极鼓励米粉们举办活动，促使小米手机用户在一起进行交流、互动。线上是虚拟的，真正对品牌形成依赖还是要靠线下粉丝们的互动、交流，在借助网络的力量进行传播，吸引更多的粉丝加入，组成一个巨大的小米粉丝圈子。

5.4 定位策略：微信定位是"吸金磁"

所谓的定位策略，就是围绕顾客的需求做的营销。

企业创立一个品牌时，需要明确品牌的定位，需要瞄向特定的消费人群，比如我们熟知的普拉达、LV，企业的定位就是奢侈品，是普通消费人群很少去购买的。营销也是如此，也需要明确品牌的定位，进行针对性的营销。就像街头散发传单，如果是关于女性时尚的传单，应该不会去发给老年人。

每个人的需求是有差别的，不同的需求决定了企业生产出的产品只能满足一部人的需求，这就是取舍。微信营销也要讲究取舍，根据自身产品的特性，研究产品针对的人群，有目标性地营销。可以说，微信定位是块"吸金磁"。

在进行微信定位之前，必须了解一下消费者的心理，据权威心理专家的研究表明：消费者的心理很有特点，比如，当问你世界上最高的山峰时，也许你会脱口而出"珠穆朗玛峰"；而如果问你世界第二高峰时，你可能就未必记得。在奥运会上为中国获得第一枚奥运金牌的是许海峰，第二位呢？人们总是很容易记得那些最先进入自己头脑的东西，之后的可能就容易被忽略。

当你在超市中选择某种商品时，超市里同种类的商品琳琅满目。这时，你就会在脑海中搜索自己能够想起的牌子，那些品牌不熟悉的商品，估计也不会出现在购买计划当中。因为人的头脑容量是有限的，大多数人不会为了一些日用品而记住过多的牌子，所以那些简单易记的品牌就更容易进入消费者的视线。对于产品的营销也是如此，品牌一定要跟众多的产品区别开来，同时，要使得自己的品牌直抵人心，这样就很容易出现在顾客的脑海之中。

其实，做微信营销就是要明确企业的客户群体，了解他们的年龄、职位、爱好、生活状况、价值观等，如果可以，最好把这些资料整理出来。根据性格、爱好、习惯的不同，分布在不同的网络之中，如微信、微博、QQ等。针对不同部落的人群，选择合适他们的营销活动才是最为有效的，比如微博上的"时代宣言"活动，通过将自己的人生格言表达出来，来宣誓自己的存在。通过线上活动引起广泛的关注。

5.5 如何吸引更多的粉丝

当你拥有一个微信账号的时候，不要以为万事大吉了，以为所有的粉丝都会"不远万里""历经千辛万苦"，不顾一切地投入你的"怀抱"。除非你的企业拥有特别强的品牌号召力，或是你个人拥有超强的人格魅力，是电影明星或者著名的艺术家等。如果不是，就乖乖地做好自己的营销工作，才能使更多的粉丝关注你。

微信的关注方式是订阅式的，即使你的产品质量再好，包装再精美，微信账号再华丽，如果微信用户们看不到，这对他们来说都是毫无意义的。微信的使用性质决定了，你不可能在他们没有关注你的情况下，向他们推送信息。微信的营销过程也是做大做强自己的粉丝圈的过程，如果你有100万的粉丝，即使他们购买产品的意愿是1%，那么你也会收获1万次交易。

如何吸引更多粉丝的关注？笔者认为需要做到以下几点，这也是为企业微信造势的几种重要方法。

1. 多媒体的宣传作用不可忽视

虽然现在微信的发展势头很强劲，但是其他媒体的作用仍然不容小视。通过一些媒体的宣传和引导会起到很好的作用，最为常见的是电视、微博等官方网站平台。在展示企业形象的地方，需要做好二维码和微信号的标签。只有媒体的协调配合，才能让微信公众号打出去。

2. 做好图文并茂的宣传方式

单纯地使用文字、数字向消费者进行推广，会很没有气势，也吸引不到消费者的眼球，更不要谈之后推送信息。因此，无论是线上还是线下的活动，都要采用一些图文并茂的方式进行推广。

3.创意不间断，话题策划要有新意

吸引粉丝，需要的不仅仅是技术和技巧，还需要有很好的创意。一个好的创意，会迅速引起人们的注意，还会引起一些有趣的互动，粉丝们都会积极地转发，让更多人知道创意。在这样分享的过程中，创意就赢得了更多人的关注。

4.做好微信的互动

在吸引新的粉丝的同时，也不能对已有的粉丝置之不理。如果，不能很好地与他们进行互动，解决他们的问题，那么他们随时会取消对你的关注。要知道，失去一个粉丝比得到一个粉丝容易。因此，做好微信上的互动，将会非常有利于形成粉丝对企业账号的黏度，这对企业的长远发展是很有帮助的。

5.产品促销来吸引更多的人关注微信

企业在进行促销活动的同时，会赢得消费者的好感，可以在此时宣传微信公众号，这样消费者、企业都会取得自己想要的东西，实现双赢。

5.6 利用微信公众号加粉的方式

1. O2O推广

微信是推动O2O模式发展的助推器,现在的O2O模式比较常见,也更为火爆。但是普通的O2O可能没有多少人会去扫描。你需要做的就是,吸引别人或者让人不得不关注你的微信二维码。

(1)让人得到关注你微信的好处。很多商家通过添加二维码赠送礼品的方式吸引人们关注微信公众号。

(2)创意的二维码。比如,在一个游乐场里,可以设置一个游戏,通过这个游戏将微信二维码展现出来,并且有文字提醒"扫描二维码",就可以在线免费玩转游戏。

2. 常规推广

微信常规推广也就是我们常见的微信发布文章或者微信更新有趣的内容,激起用户的转发分享。好的文章可能需要以下三点。

(1)宣传产品时附带案例。看到很多微信上面都宣传自己的产品,作为微信用户会说,如果商家能够拿出案例,用户才可能信服。

(2)广告性质少一点。广告可以做,但是不要让用户感觉整篇内容都在要别人分享你的微信内容或者是关注你的微信。如果粉丝在看到一篇关于保险的文章时，看到的第一屏是一张大图，大图显示的主要内容有"新用户点击上方关注、老用户点击右上角分享。"而第二屏是这篇文章的导图，导图做得非常普通，无创意、不幽默，拉到底部，发现是广告文字。那么，这样的信息就很难让读者耐心读完，更不要说是转发了。

（3）细节决定成败。细节主要分为：标题吸引、干货内容、关注价值。如果一个微信文章能够做到标题引来用户，通过干货留住用户，然后通过好处打动用户，那么你的微信推广会做得非常好。

3.其他推广

（1）私人微信带公众微信。私人微信通过QQ、摇一摇、附近的人等方式添加好友，只要有机会就不要放过。当然，能够做到添加精准用户那是最好不过了。然后让好友关注自己的微信公众号，当微信公众号发出干货，就要利用自己的私人微信分享出来。这样两者结合，就能很好地推广信息。

（2）付费推广。微信在走红之后，想要付费推广的也有很多。如今微信也研发了相应的功能来满足这个需求。微信可以实行付费推广模式，与百度类似，微信的付费模式是以点击收费的。可以看出，这一付费模式主要给有资金支持的商家开设的。另外，还有一种付费模式，就是通过微信导航推荐功能来提高粉丝量。

（3）到处推广。目前有QQ头像、微博头像用二维码的，以及网站挂二维码的。可以说只要能想到的，均可以做微信推广。

5.7 增加用户关注的技巧

1. 全力以赴

要做就要做好，全力以赴，才能在这个竞争激烈的时代脱颖而出。

很多企业开展网络营销的时候，总抱着"试试看"的态度，比如先安排几个人测试一下，第一天加20个粉丝，第二天加30个粉丝，就觉得每天进步一点点而沾沾自喜，这么做的结果往往是半途而废，很快就因为见效慢而放弃了。好的开始是成功的一半，因此从一开始就应全力以赴！

2. 抱团作战

一个人的力量是有限的，如果所有的人都抱成一团，那么粉丝数的增加就不是什么难事。目标决定策略，要想迅速获得巨大成果，必须采用"抱团作战"的思想，即全体动员！要发动公司的所有员工，利用一切可以利用的资源。

3.区别于微博推广

如果我们摆一个印有二维码的牌子,让别人去扫描,那么估计没有几个人去;如果发信息给客户,告诉他们关注自己的微信,也不一定有很好的效果。为什么转化率会这么低呢?其实微信用户群和微博的用户群有很大差别,早在微博风靡的时刻,很多人只注重粉丝数。但是这样的做法在微信行不通,因为有部分粉丝不是潜在的客户群体,他们不会买你的产品。

通过实战,笔者总结出微信营销的一个重大关键"宁可花1分钟用心沟通,而不要用1秒钟群发广告"。人际沟通是相互的,你只用1秒钟来关注某个客户,他也只会用1秒钟来关注你,这种沟通方式是非常低效的!因此,在其他人热衷于群发广告的时候,采用差异化营销思维,花多点时间和客户进行个性化沟通,反而显得有"人情味",能取得超越想象的效果!

4.系统化营销

大部分企业的微信营销都是将营销重心只聚焦在"微信"本身,将微信的功能神化。其实,营销是一个整体系统,而不是单一战术,微信并非万能,要做好微信营销,单单依靠一种工具或方式是行不通的,还必须要有系统化营销的思维格局!

5.重复策略

"今年过节不收礼,收礼只收脑白金""怕上火喝王老吉",

为什么电视台广告中的一句话很容易让人记住？这就是重复的技巧。营销就是一个不断重复的过程，微信营销更是如此。有科学家测试，经过21次不断重复之后，就会形成记忆。所以，让别人记住你的最好办法之一就是重复展示。

5.8 免费是让客户心动的"利器"

细想一下，我们身边的很多互联网产品都是免费的，比如360杀毒软件、腾讯QQ、微信、打字软件等。这些软件都在满足着人们的心理。在互联网领域，免费的产品很多，因为免费，赢得了众多消费者的体验，也赢得了很高的知名度。现在，互联网在激烈的竞争中采用的策略是"免费"，在迎合消费者心理的同时，也使得自己在竞争中占据了优势地位。现在互联网之所以受到大家的欢迎，很重要的一点就是它的免费，这也使得互联网可以很快进入人们的生活，改变人们的生活方式。

免费是互联网领域的一种思维模式，在奇虎360总裁周鸿祎的新书《我的互联网方法论》中，他直言360免费杀毒软件是不挣钱的，甚至有时是贴补资金进行后续研发的，但是免费杀毒软件带来的是巨大的用户数据，因为免费杀毒软件，更多的人使用了360的浏览器以及其他360产品，而这些产品才为360带来了利润。换句话说，企业的客户数据库的大小，决定了企业财富的多少。

免费的思维也颠覆了许多商业格局。例如免费的谷歌迅速成为最有影响力的广告大户之一，免费的淘宝让竞争者 eBay 走上了穷途末路，360 的免费成就了其国内杀毒软件的霸主地位。以目前的形式分析，免费的趋势还是会延续下去的，众多企业也会加入这一行列中来。只要找到盈利的免费运行的商业模式，就像 360 那样，就会脱颖而出，甚至可能成为该行业的领军企业。

免费策略会使浏览者成为固定用户的阻力减小，使浏览用户很容易成为会员，巨大的用户资源会使推销以后的付费产品变得容易。这就是免费策略的精髓所在。

在微信运营方面，也要借助互联网的免费策略。其实，方法比较简单。目标客户关注了企业的微信公众号，就要给目标用户一款免费的试用产品，来吸引他们继续关注。这个产品可以是一本电子书、一个免费的公开课、一个平台、一个免费的电话咨询等，这些都是免费的内容。

5.9 培养信任是微信营销的关键点

在人与人之间的交往中，信任是很重要的，没有信任，相互间的沟通交流就会出现问题。如果我们需要购买家电产品，一般都会向亲戚、朋友或者邻居征求意见。因为亲戚、朋友或者邻居是你信任的人，是站在你的立场上给出建议的。厂家或者销售代表是代表商家的利益，所以，你更愿意相信亲戚、朋友或者邻居。

其实，如果我们细心观察的话，就会发现：一切的商业行为本质都是围绕着信任展开的，产品失去信任也就失去了一切价值。产品营销的关键就是取得消费者的信任，有了信任，消费者才会购买产品，企业才会收获更多的忠实用户。在商品日趋丰富的今天，很多商品的同质化现象特别严重。当你在琳琅满目的柜台挑选商品时，在你做出决定之前，是不是会参考身边的朋友、其他的人、买方的经验等第三方的意见？

要想让顾客购买产品，商家就必须建立自己的信任体系。企业也要明白，虽然我们可以使用一些方法得到消费者的信任，但是前提是建立在诚信的基础之上。

常见的建立信任关系的方法有以下几种。

1. 转接信任

我们可以找到一些用户信得过的人帮我们做见证，以快速取得用户的信任。就像现在很多商品的形象代言人一样。这些明星拥有很多粉丝，而且在粉丝中拥有着很高的信任度。企业通过明星代言就可以将粉丝们对明星的信任转接到对商品的信任中来。这就是转接信任。

2. 帮助体系

经验告诉我们，如果你能帮助别人，那么你很容易获得别人的信任，因为在别人的意识中，你被贴上了好人的标签，他们愿意相信好人，愿意相信你。

这个道理用在微信营销方面同样适合。如果一个粉丝关注了你的微信公众号，你能很好地解决该用户遇到的问题，那么他对你的信任感就会显著增加。所以当那些潜在的客户关注你的微信公众号时，可以将他们经常遇到的一些问题罗列出来，并用写文章的方式帮助他们解决。这样做，肯定会增加顾客对你的信任度。

3. 专家体系

更多的时候，人们更愿意相信专家，喜欢与专家进行交流。那么，我们就可以请一些专家作为产品的见证，这样也可以增加顾客对产品的信任。

其实，我们自己也可以成为专家。有人说，只要我们从事本职工作达到3～5年，认真研究行业的知识点与技巧，就会对自己从事的行业有独特的见解，也可以成为行业的专家。那么，我们完全可以在公众号发布一些对行业有独特见解的专业文章，以此来取得顾客的信任，而不是人云亦云的文章。

5.10　如何挖掘更多客户

毫无疑问，微信营销已成为时下最流行的一种营销模式，众多商家、企业都利用这种模式开创自己的营销活动。几年的时间，微信已经聚集了10亿的用户，这么大的用户市场，相信每个商家都不会轻易放弃。那么，如何更好地挖掘潜在客户，这是值得大家要思考的一个问题。

通过垂直、细分的手段进行对用户的挖掘，对于大多中小企业特别是行业企业而言，更具现实意义。对用户的挖掘渠道，有以下几个方面。

1. QQ群用户挖掘

通过结合企业自身的行业属性，在QQ群中进行关键词检索，能更好地找到精准属性的潜在用户群。同时QQ账号与微信的打通，大大增加了用户转化的便捷度。通过QQ邮件、好友邀请等方式，都能批量实现QQ用户的导入。

2. 微博群、行业网站及论坛用户导入

这些平台上的用户大多是有着同样兴趣爱好，具有同样属性的用户群体，他们对于行业产品及服务都具有同样相对强烈的兴趣及需求。通过相应企业公众号的推广，能获得一定比例有效用户的转化。也许数量有限，但用户忠诚度往往更高。

3. 结合传统介质和载体的推广宣传

通过宣传单、产品包装、海报等形式，可将微信公众号二

维码很好地展示及传播。这种方法对具有线下店面的企业和商家更为有效，能更好吸引用户实现重复购买。通过公众号的客户关怀及服务、特惠推广等形式，将用户转化为忠诚用户。

对于微信公众号的推广，最核心的部分还是依靠内容运营的支撑。要获得用户的主动关注，需要格外注重以下几点。

（1）内容发布要有一定的策略。通常早8点左右、中午12点左右、晚6～8点，这几个时间点进行内容的推送，更容易引起用户的有效阅读。每天发布1次为宜，过于频繁的推送，可能引起用户的反感。

（2）内容必须精耕细作。纯粹的广告推送、毫无价值的内容，往往会引起用户的反感。内容的形成也要建立在满足用户需求的基础之上，包括休闲娱乐需求、生活服务类需求、解决用户问题的需求等。企业推送的信息应高度尊重用户的意愿。此外，通过微信的开放平台，还能实现二次开发的应用接入，可在公众号内实现更多的互动功能。

目前已有一批较为成功的企业公众号通过这样的形式获得了较好的用户口碑。内容本身也可不拘泥于传统的图文结合，还可借助语音、视频的形式，令用户产生更大的兴趣和新鲜感。

（3）加强与用户间的互动。可通过自动回复等功能，很好地实现用户和账号间自助式的互动。通过轻松、趣味性的内容，可让用户觉得自己像是在"玩游戏"。此外，还可利用人工参与方式，与用户进行实时互动，回答用户各类个性化问题。当然，这就要求企业考虑到成本问题，企业也应结合实际情况做出合理决策。

5.11 转介绍，让老客户带出新客户

每到逢年过节，互联网就会出现很多"免费电子邮寄贺卡"的网站，你只需要填写对方的邮箱，网站就会自动写上自己的祝福话语。这些精美、吸人眼球的贺卡就会出现在对方面前，对方也会感受到你的祝福。这类方法在互联网上已是很常见，几乎每个人都收到过或者发送过类似的贺卡。这其实就是一种转介绍营销的方式。微信可以说是很好的转介绍系统，如果能够很好地加以利用，就会吸引到更多的客户群体。

一家在线学习的网站的成功经验就是转介绍，让一些老客户带出一批新客户。该学习网站主要是进行小学教育、中学教育、高中教育的学习，网站与学校所提供的在线课程与学校所授内容是同步的。如果学生没有听懂某一课程或在某一课程上学习有困难时，就可以购买这些在线学习卡。对于他们来说，学校的学生都是他们的目标用户。但是，该学习网站实施的方法是，每班只要一个学生使用就够了。其他学习网站的用户是通过转介绍的方式发展而来。当一位同学买了学习卡之后，就可能分享给他的好朋友，假设他的好朋友人数为7人左右，那么这7人也可能会是潜在客户。网站再以他的名义把低面值的学习卡当作礼物赠送给转介绍的同学，从而加深他们之间的友谊。这些学生又会介绍给其他的同学，如此周而复始，雪球就会越滚越大。

节日时往往是营销的最好时机，一些服务行业完全可以利

用这种方式进行转介绍营销。如一家花店的转介绍就是这样的，店主想要把生意做大，就对来店的顾客说："因为今天是圣诞节，只要在本店购买的花超过100元，我们就会赠送给你一枝花，并免费送到你指定地点，只要您留下对方的联系方式和地址，我们一定送达。"写上给对方的祝福话语，并可以附上自己的留言。"鲜花代表朋友之间的友谊，我愿意代您回赠一枝鲜花给您的朋友，详情咨询××××（写上花店的联系方式）"，这也是进行转介绍的一种方式。

转介绍方式就是通过人脉关系进行传播，通过这样的方式，让老客户带来新客户。总结下来，可以通过以下方式实现。

（1）制作转介绍产品。这样的产品可以是一件信息类的产品，只要分享一至两篇文章，就可以得到这样一件产品。当然，具体也要根据情况而定。

（2）给顾客一定的优惠。特别是对于一些餐饮企业来说，这样可以很好地招揽客户。例如，只要用户主动分享企业所写的一篇文章至朋友圈，就可以享受到9折甚至更低的折扣。

（3）制作微信里的现金优惠券。告诉顾客只要把优惠券送给朋友，就可以代替现金使用，享受优惠。

第6章
微信营销实战大揭秘

6.1 个人微信营销的方法

1. 微信头像、个人签名、名称等设置

头像和昵称被称为微信营销的第一载体。设置的原则是简单、直接，更重要的是给人真实感。头像最好要有相关性，如果有网站、品牌，头像就是网站名、品牌名称；个人签名也是一样的道理，不要委婉，要简单直接，最好一眼就能知道你是干什么的，卖什么产品，提供什么服务等；其次，真实性也很重要，头像和地址都是真实的，这样会给人一种信任感。如果一个人把自己的头像设置成明星脸，或把地址设置成国外的某个地方，这样就会给人一种不真实感——一个商家连自己的信息就不敢公开，人们就会觉得其不够坦诚，从而会回避或拉黑。在头像的设置上，最好不要用风景、花草、宠物或随便一张图片，从营销角度讲，这些是无效的。因为人们很难把你跟其他人区别开来，也很难给人留下深刻印象，更无法给人信任感。

2. 个人微信账号的群发技巧

个人微信账号可以实现群发功能，但是，针对的对象是当前的好友。一般群发信息尤其是广告类信息给自己的好友，需要认真考虑之后再做，因为有些人对群发是厌烦的，这样就会适得其反。不过，既然我们选定了做推广，做营销，就不要怕被人嫌

弃，只要能给需要产品的人提供便利，那就是我们的价值。

如今的微信营销，移动端营销已然是当今网络社会的高潮。当然，也许会有人会问，个人微信营销的方法就这几种吗？答案是否定的。微信开发在不断继续，其功能也必将不断完善，现在很多企业推出了微信第三方平台，操作简单方便，营销方式也更多元化。

6.2 前台和后台的作用都要重视

一些商家认为，在微信营销中，只要在微信公众号上展示一些活动、宣传、信息内容，就能够轻易地吸引到用户的关注。这种想法是错误的，是没有了解微信的营销模式造成的。

关注你的用户一般都是对你的品牌感兴趣的人，如果你想用"广告扫描器"的方式与粉丝进行互动，那么粉丝手里的权力会清晰地告诉你这样做的结果——取消对你的关注。

一家书店专卖日本动漫书籍，由于经营有方，积累了很多老客户，这些客户大都喜欢这里的书籍和影音制品。微信新版本推出之后，老板从微信中看到了商机，他迫不及待地加入到了微信营销的队伍中去。然而在微信营销的过程中，这位老板只顾发送广告，甚至将微信当成了广告发送器。再加上老板一个人在维持这个平台，很少在后台记录读者的一些信息和关注的问题，同时，在前台也忽视了与客户的互动，结果没过多长时间，该店的微信关注度不升反降，老客户也不见了，店里的生意变得冷清起来。

为什么会出现这种情况？其实，最重要的原因就是店老板没有注重后台的作用，没有增强与用户的互动。那么，什么是所谓的微信营销后台呢？就是针对微信公众号的维护。这要求商业用户不但要注重在前台与粉丝的互动，还要在后台专门记录粉丝反应的问题或者意见，方便快捷地与粉丝进行互动交流，并且引导粉丝积极参与品牌活动。当然，也有一些简单的做法，可以通过自定义回复来推广优惠政策，但是这可能会影响与粉丝之间的诚意沟通。

如果只是在前台发送广告，实施密集轰炸。即使粉丝们一开始对你很感兴趣，但兴趣也会被无休止的广告推送消耗殆尽，从而退出"朋友圈"。而如果粉丝们看到了"诚意"，与你的互动让粉丝们有良好体验，那么这个粉丝还会主动将品牌的信息和公众号推广和分享给好友。

发挥品牌客服的作用也可有助于商家后台的运作。以时尚资讯为例，用户从微信公众号询问的时候，我们就能了解到用户的需求。那么，在与用户互动的时候，就可以直接展开，也会非常顺畅，不需要客套。

6.3 建立一套长期的粉丝奖励机制

在微信营销界流传着这样一句话："无活动不营销。"足见进行一些活动对销售巨大的促进作用。也就是说，如果只是单纯地向用户发送一些对他们来说没什么营养的硬性广告或宣传；或为了推广自己的微信号，简单地向用户发送自己的微信号，希望得到更多用户的关注，那么这种方式的成功率很低。但是，如果做些活动的话，效果就不一样了。

做活动其实就是给粉丝们发奖励，可能只是一些小礼物或者优惠，但是粉丝们感受到的是浓浓的关怀。经常关注星巴克微信公众号的粉丝们都应该知道，星巴克经常会举办一些向粉丝发送奖品的活动。比如，在圣诞节那天，星巴克会为用户准备一些小礼品。

星巴克微信公众号的客服人员也会经常因为要积累粉丝量的缘故，发起在"附近的人"中，随机为他们送上精美的手机壁纸或者礼物的活动，这一举动让用户感受到了星巴克的热情。通过这一系列的活动，星巴克的粉丝越来越多，而且形成了一批铁杆粉丝。

与星巴克类似，很多商家也都举办了一些赠送礼品的活动。比如，宝洁的微信公众号曾经向用户发出免费制作精美卡片的活动，吸引了一大批用户关注；麦当劳也有赠送优惠券的活动，吸引了很多用户持续关注。这些都是对粉丝进行奖励的结果。

在利用活动对粉丝进行奖励方面，玉兰油做得也很好，有着长期的奖励机制。下面就以玉兰油品牌为例，来说一下关于设置礼品奖励粉丝，从而吸引客户的方法。玉兰油的微信有很多个，其中ProXbyOlay就是一个很成功的微信账号。大部分的微信账号都是通过直接采取一些简单的方式向用户传达自己产品的信息。但是，在玉兰油看来，这种方式并不完美，这会让很多粉丝难以接受你的信息，更不会去关注你的品牌。于是，玉兰油对营销进行了改进，设立了一个小策略，也就是设置奖品，吸引更多粉丝的关注。比如，玉兰油曾经采用"晒截图赢奖品"的战术，粉丝只需观看视频，截取产品，露出画面，并回复微信就有机会获取奖励。在这一关中，玉兰油微信收获大量优质的UGC内容，又达到了增加人气的目的。

事实也证明，玉兰油的这个看似很小的改进，结果却很有效，不但让许多老客户纷纷来试运气，还吸引了大量的新用户，并且在用户的朋友圈赢得了很好的口碑，使得这一品牌得到了极大的扩散和传播。

在最新版本中，玉兰油还在继续用这种方式来吸引用户，并且在不断尝试给用户带去更为丰富的礼品和惊喜。同时，将这种方式制度化、长期化，建立起对粉丝们的长效奖励机制。在最新版本中，用户打开玉兰油公众号页面，就可以看到玉兰油给用户带来的新惊喜，可以对它们的产品进行免费试用。

赠送礼品对一个化妆品公司来说是一个不小的冒险，但是玉兰油却认为是值得的。事实也在证明，这个活动一经推出后，便受到了粉丝们的欢迎，收到了很好的效果，玉兰油积累的粉丝也是越来越多。另外，微信最新版升级之后，只要在微信上绑定或者注册玉兰油这个账号，就可以得到会员的高级待遇以及最新产品的咨询。总之，玉兰油带给粉丝的是越来越多的惊喜，带给其他经营者的是经验与思考。

当然，从上面的例子，我们也可以看出：通常情况下，粉丝对品牌的一些产品信息不大感冒。事实也证明，一些品牌向粉丝发出简单而粗暴的广告宣传之后，粉丝很少去点击，甚至对方发送的次数多了，粉丝还会取消关注。因此，从这个方面来讲，多做一些活动，建立起一套长期的粉丝奖励机制还是很有必要的。

我们进行微信营销可以借鉴玉兰油的这种策略，设置奖品，用简单的小奖品来吸引粉丝持续关注和回复信息。俗话说："有舍才有得"，如此一来，你的用户才会变成铁粉。

6.4 通过签名吸引人的眼球

微信昵称所能传递的信息毕竟有限，这时签名栏就可以弥补这个缺憾，但是很多微信商家的个性签名栏常常是空白的，还有些用的是心灵鸡汤或一句有趣的话。从营销角度来讲，这都没什么实际意义。学会充分利用签名栏来增加别人对品牌的认识和对产品的了解，在微信营销中显得尤为重要。

微信中的个性签名与QQ个性签名有着异曲同工之妙，当别人搜到账号的时候，首先会看到那句精湛的签名话语，那是你留给别人的第一印象。当然了，这样在一些有心的精明商家看来，这个区域就是自己的那个免费"广告位"。很多企业将其业务、工作性质、宗旨等放在自己的签名栏上，让用户在第一时间能够看到。

在微信营销的所有功能中，最能体现出网络价值的就是签名栏这个功能。其实，签名栏的作用不仅可以让很多企业将优惠信息、促销活动快速发送出去，而且还能吸引更多的新客户，从而让销售事半功倍。

现在，很多大品牌也纷纷加入到了微信营销的行列中来，利用微信来推广自己的产品。当然了，不只是公众号的大力宣传和群发信息等，绝大多数企业都会有很多微信小号，企业可以用这些小号来吸引粉丝打招呼，并且推广自己的商业信息，与粉丝一对一进行沟通，还可以建立微信群，进行群聊。

当然了，这就更加突出了签名栏那不可忽视的"广告位"的作用。比如很多房屋租赁中介机构、旅行网等都喜欢用微信上的签名栏来做营销策划。例如，当我们在搜"租房"时，就会出现有关于"租房"的一系列的微信号。从其签名中，我们可以看到众多房屋租赁中介机构的个性签名广告，这时一个简洁、容易上口的签名势必会引起粉丝们的喜爱。

从微信运营本质上来说，签名栏是一个十分有效的广告位。对企业来说，不但其广告的覆盖面大，而且其效率和回报也相当高。此外，从广告投入方面来看，微信签名栏宣传的资金投入基本为零。因而，利用微信签名栏打广告不但影响力大，而且效益更好，能有效快速地吸引客户，因此受到众多企业用户的青睐。

当然，对企业而言，利用签名来营销的确是一种好办法。但是具体的方式还是需要企业去慢慢策划。下面我们来介绍一下怎样策划签名广告。

1.设置一个个性十足、创意十足、抓人眼球的签名

企业人员可以在微信小号上为自己设置一个有个性、有创意，能够吸引粉丝的签名。当然，这个签名必须要符合企业的宣传。比如凯迪拉克的"风范，自非寻常"。事实证明，只有抓住众人眼球，才能吸引人的注意。这就好比，在一群人中，只有你标新立异，穿得漂亮，才能收获众人的眼光。

对于个性签名来说，道理亦是如此。那么，怎样的签名才是抓人眼球的签名呢？总结下来，必须要符合以下几点：签名要求字数不能超过30个，所以一定要简洁、突出企业定位、富有创意。很多较为复杂的签名往往不受重视，即便你有万千风采，用户也不会去看一下。凯迪拉克的"风范，自非寻常"不但简单，而且还体现出了凯迪拉克高档的特质，比较能抓人眼球。拥有众多粉丝的"爱范儿"微信号的签名也比较精练和创新——"发现创新价值的科技媒体"。

2.通过查看"附近的人"功能来发送自己的签名

大家都知道，在微信中，只要打开"附近的人"就可以看到附近人的一些内容和信息。同样的，附近的人也会看到你的信息。所以，这是一种吸引粉丝用户最为直接的方式。在这个功能中，必须要让你的签名发挥出广告宣传作用。

可以在这个签名中，写上企业最近的优惠和宣传活动，这样附近的用户就能在第一时间看到广告，从而吸引一些感兴趣

的朋友来参加活动。

现在，这种方法得到了很多企业的采用。有些企业甚至会雇佣一些人专门24小时在人流密集的商业区进行查看"附近的人"。由于这些地方人流密集，所以用微信的人也比较多，而且是繁华的商业区，所以客户大都本着商业优惠而来。而此时，如果企业能够将自己店的优惠和广告发送到签名上，那么在这些繁华的商业地带的人群就会在第一时间看到信息。

事实证明，这样的微信签名的广告效果丝毫不逊于那些户外大屏幕、宣传栏。随着微信用户的不断上升，这个简单的签名栏必将成为时下最为流行、最具有价值的移动"广告位"，这也势必会受到越来越多企业家的青睐。

6.5 通过扫二维码吸引顾客

微信营销中，有一个非常特别的事物——二维码。刚推出微信二维码的时候，大家都很好奇，而且这是一个只要拿出手机打开微信上的"扫一扫"功能就可以起到作用的功能。所以一开始很多人本着对二维码好奇而去关注这些二维码。二维码本身的价值就在于企业的线下活动与线上活动的结合。比如，企业将自己的微信二维码张贴在广告宣传纸上，客户看到二维码之后，会去"扫一扫"。

二维码的价值就在于线上与线下的联合运作，用户只要扫一扫企业宣传上的二维码就可以关注该企业的微信账号。这样，企业只需要办理一次线下宣传活动，就可以延续发展积累自己微信上粉丝的人气。

当然，企业想要让自己的二维码更加引人注目，首先要掌握微信营销中二维码的使用方法；其次要多思考在二维码的设计。如今，我们走在大街上，无论是服装店、餐饮店、娱乐业、服务大厅甚至金融机构、政府机构的大门上都张贴着关于自己微信号的二维码图片。有些企业的二维码比较醒目，有些企业的二维码则比较花哨，但不论是什么形式，它们都是在为自己的企业做宣传。

而且通过扫描二维码关注企业微信账号的粉丝大都是铁粉，因为，他只有真正地对一个企业感兴趣，才会去扫描。

无论从哪一点来看，二维码所包含的内容和信息很多。单单从它的外表来看，就能看出公开和私密两个方面。从公开来讲，这是一个任何人都可以看到的图像。而且企业将它贴在各个角落、显眼的地方，每个人都能看到。所以，从这一点上来说，它是公开的。再从私密性来讲，企业的所有信息，微信公众号上向用户推送的信息、优惠活动、联系方式、会员制度、粉丝互动都被这个小小的图标所包含。一个小小的图标就能包含这么多内容，所以你能说它不私密吗？

二维码这种微信营销的新模式不只是一种吸引粉丝的方式，更是一种营销方式，其中暗藏的玄机只有真正受益的企业家才能知晓。

6.6 聊得好很重要

会聊天的人犹如现实中会说话的人一样，聊得好可以说是打动用户的第一步。有的人能把握住用户的心理，聊一些用户感兴趣的话题，能很快打动用户；有的人与用户聊了半天，不仅无法让用户心动，反而让用户反感。

所以，使用微信与用户聊天的质量很大程度上决定了用户的购买意愿，因为对于微信用户来说，聊天的对象就是企业本身，这些人代表着企业的形象。如果问题没有得到很好的解决或对聊天的质量不满意，那么这对企业来说，可能意味着少了一单生意。所以把握用户的心理，竭诚为他们服务，提高聊天的质量就显得尤为重要。

聊天的质量很难界定，每个人对不同的聊天方式和内容的看法是不一样的。但是，尽量多聊一些用户感兴趣的话题，站在用户的角度考虑问题，为用户提供最好的服务就是最重要的事。

由此，高质量的微信聊天也不是无章可循的，下面这些微信营销界的"格言"或许会帮助很多。

（1）不要只顾着推送信息，或者等待用户与你的沟通。微信营销不是只推送信息或被动营销，而是要主动与用户沟通，建立互动的关系，寻找可以跟用户沟通的话题，你要知道所有价值都来自沟通，推送再好的内容，不如跟读者认真细致地沟通一次。

（2）营销前，争取先了解人，包括他的公司职位、姓名、联系方式，这样更有利于沟通。

（3）不要像个机器人一样，用户问什么就答什么。而要懂得灵活变通，这样才能显得亲切自然。比如主动问用户一些问题，而不是简单回答用户的问题。因为如果用户在对你的产品、企业、性能不太了解的情况下，是不可能发出那么多的问题的，也就不可能了解到更多产品的信息。

（4）如何维护好与客户的关系，赢得客户的信任，是微信运营的关键。有的人一开始就与客户谈产品，希望尽快成交，其实倒不如先培养与客户的感情，再谈产品。所以，首先要建立与用户的信任，其次才是销售。有情感的营销更能打动用户的心理，与用户建立信任。

（5）想创造更多与客户沟通和互动的机会，就要问客户更多的问题。问一问客户喜欢什么内容，什么时间方便接收内容，希望客户多提意见等。

（6）不同的沟通方式会实现不同的沟通效果。我们可以根据自己的情况，比如是什么类型的公众号、服务对象是什么人、发送的是什么信息等，来采取相应的沟通方式。通常来说，文字是比较常用的，但也比较死板。语音比较真实，如果声音甜美，可以多用语音沟通。视频比较像真人秀，适合讲解产品使用方法。

（7）一定要尊重顾客，但不要讨好顾客。取消关注的迟早会取消关注，只要你一直提供有价值信息，留下的总会留下来。

（8）做好精准的关键词回复功能，这样能指导读者通过什么样的方式能了解商家和企业，获得客户的信任。

（9）微信的内容，要选择合适的图片来搭配，可以经常到同行的微博里获取图片，做微信营销要重视细节。同时，要做到不侵犯原作者著作权。

（10）推送内容，晚上推送内容最好，因为此时客户有足够的时间来阅读；白天适合推送产品促销信息，方便顾客订购产品。

6.7 提高微信订阅号打开率的方法

在没有具体化、可视化的数据分析之前，微信内容的传播效果只能靠编辑们的主观猜测，猜测的结论不会十分准确。在微信推出了相对完善的后台数据功能之后，编辑们的工作终于可以轻松一些，也终于有了追踪和分析的基础。

微信公众号的运营者都知道，所有的数据分析会归结到一个最终指标：图文转化率。什么是图文转化率？图文转化率可以简单地用公式表示出来，即图文转化率＝图文阅读人数/送达人数。关于这个公式需要说明几点。

（1）送达人数指的是，将该条微信推送给了多少人，简单点说就是现阶段有多少粉丝。

（2）图文阅读人数是指一共有多少人读了这条微信，包含非粉丝群体。

（3）图文数据分析只能显示该条微信发布后7天内的数

据，7天前的数据看不到。

下面就来科学地破拆下包围在神秘的"图文转化率"周围的各种因素，特别是针对受众直接接触该条图文的各种触点。

毫无疑问，提高图文转化率首先要分析已有的粉丝，他们常被称为一级受众。由于微信的自身特点，决定了它不能像微博那样进行图文的转发扩散，所以一级受众愿不愿意阅读并主动传播这条微信变得尤其关键。在推送到达率接近100%的情况下，一级受众的图文打开率和图文分享率直接决定了后续传播的可能性。

那么，影响一级受众的图文打开率的因素有哪些呢？关键的因素有三个，即头像、推送时间和标题。

（1）头像。一般来说，官微的头像就是品牌的LOGO。作为编辑来说，必须确保这个头像显示是清晰的、可辨识的；特别是对走高端精品路线的品牌来讲，官微的头像还要展示出大气、上档次的范儿。

（2）推送时间。什么样的推送时间合适，建议做一个测试：将现有粉丝进行平均分组，同样的内容分别在一天中的上班时间、午餐时间和下班时间推送，看看最终的转化效果。经过几天的测试，就可以总结出最合适的官微推送时间。

（3）标题。不管策划哪个平台的传播内容，标题都是影响效果的重中之重。回到微信的标题上，运营者千万要注意一个细节：不要把无关痛痒的栏目名称放在标题前13个字符里。因为在订阅号的列表中，每个公众号都只显示标题前13个字符（含标点）！

好了，经过精心的策划，受众终于在折叠号一长串的内容列表中点进了我们的内容，我们顺利进入与受众亲密接触的第二阶段。在这个阶段，影响一级受众图文打开率的关键因素是：图文条数、标题、首图、摘要。

（1）图文条数。图文的推送条数，依然是一个没有定论的问题。如果你做的是纯资讯分享的公众号，在确保所有的内容都有价值、有意义的前提下，可以多推送几条。如果你是带着营销目的的企业公众号，首条的打开率已经惨不忍睹了，还非要推四五条，效果肯定不会很好。

（2）标题。标题的优化上文讲过，这边要讲的是请注意单图文与多图文标题的不同。单图文的标题是在图片上方的，你可以尽情标题党。但是，如果你选择的是多图文，标题就会移到首图上。这时候经常会出现两行标题把首图主要信息覆盖住的情况，导致首图的吸引效果大减。建议运营者在正式推送前做预览测试，将内容发送到各种版本的手机上，看看最终呈现的效果，确保标题和首图都能发挥功效。

（3）首图。首图的大小建议严格按照720像素×400像素设计，比例失调、过大或过小都会造成图片上传的时候被压缩变形。

（4）摘要。摘要是首图下面的那一段引导性文字。单图文才可以选择添加摘要，多图文没有摘要。当单图文编辑模式下没有选择添加摘要，微信就会默认把正文的前面几句文字拿出来当摘要显示。如果正文的开头很好，那可以不必另外添加摘要；微信的正文开头不是无关紧要的"热身文"，受众看了你三行文字还是不知道你这条内容想说什么，会影响受众继续阅读的心情。

所以，一旦选择了单图文模式，一定要审视下正文开头是不是足够吸引人，如果不是，一定要记得添加阅读价值说明或具有吸引受众的摘要。

6.8 推送的时间选择很重要

网上曾经流传这样一句话："在不适当的时间内出现，即使你再漂亮，我也不会爱上你。"在微信出现之初，微信营销处于萌芽状态，很多企业仿效微博进行营销，漫天的广告给粉丝们带来不悦的同时，也让企业丧失了很多粉丝。就是现在，也有很多企业在微信营销过程中"自以为是"，不顾粉丝们的作息时间，经常在一些粉丝们不喜欢的时间段进行消息的推送。这样的推送肯定不受粉丝们的欢迎。

微信开发者认为："过去，人们深受小广告袭扰，垃圾邮件、垃圾短信，让人深恶痛绝。微信的存在就是要规避这些。企业公众号不应该不请自来地打扰到客户，应该在客户需要的时间内出现，用户不需要的时候，就不要出现。"

狂轰滥炸式的推送消息，不在适当的时间内进行推送，很容易招致粉丝们的不满，从而产生抵触心理。很多企业也意识到了这个问题，开始反省自己的行为，更加注重在适当的时间段推送信息。到底什么样的时间段内才算是合适的时间段，才能向用户推送信息呢？

首先，要对推送的信息进行精简、细化。不要试图将一大堆内容一股脑地发送给粉丝，而是要精简，并有选择性地发送。比如，一条信息可以包含多个层面的意思，同时要将它们做得完美一些，只有这样，才能吸引订阅客户。

其次，企业可以利用微信平台上的"数据分析"功能，这能够帮助企业选择在合适的时间段内进行信息的推送。在这个功能中，企业可以看到信息是否被阅读了，用户的浏览量是怎样的，转发的次数是多少，用户在哪段时间内进行转发的，甚至用户在哪段时间内取消了关注等。这些数据分析，会很好地帮助企业找到微信营销上遇到的问题，包括可以借此分析出什么时间段给用户进行推送信息是比较恰当的。

其实，很多行业也有着自己的类型和风格，这些决定了他们的推送时间，这些时间对粉丝来说，也是比较恰当的。比如，餐饮行业的信息推送可能会选择在吃饭时间，新闻行业可以在早上进行推送信息，娱乐行业选择在晚上给粉丝发送信息。这样的信息推送是粉丝们希望看到的，对他们来说是恰当的时间，对企业而言，效果也是最好的。

6.9 推送内容在精，不在多

上面已经说过，频繁的推送信息很容易招致粉丝们的反感。其实，在注重推送频率的同时，更要注意内容的"精"，粗制滥造的信息也是很容易招致粉丝们的不满。什么样的推送内容才称得上"精"呢？

我们来看一下朋友圈，你会发现有的文章可能已经被分享了上万次甚至是几十万次，好的内容就是有着这么大的魔力，这也会让我们认识到分享的力量。文章的每一次分享都在放大文章的价值，一次分享，可能就会有10个人看到，那些几十万次的分享，阅读的人群就达到了数百万。通过对这些文章的研究，不难发现，这些被大量分享的文章是有一定的写作技巧，下面就为大家进行阐述。

1. 文章要有很高的价值

在朋友圈里那些被大量转发的文章往往具有很高的价值，比如生活中的一些小窍门或小知识、汽车保养的方法、学习方法等。这些内容都会影响到受众，对他们的生活、工作起到帮助作用，学会了之后就可以用，不讲什么空洞的思想，什么人生哲学。

此外，一些粗制滥造的文章是不会得到粉丝们的认可的，甚至招致人们的厌恶。让人们喜欢的永远是带有个人思想、灵魂的文字，才有可能获得更多的赞和评论，才能互动起来。不加思考地转发分享，结果往往是带不来任何互动。所以，在内容上，坚持原创、自己动手写几句话、发几张图片或者小视频都是不错的选择。话要由心，文字简练，才能吸引受众。另外，切记不要有说教的内容，容易吸引人的永远是自己的真实经历、好故事，而不是"教导"。

2.具有一定的专业性

所写文章要具有专业的视角,这样更会赢得粉丝的信任。怎样做到具备一定的专业性,这就要求写作者要有丰富的经验,甚至是专业知识。不然文章很可能激发不了读者分享的热情,看的人自然也不会很多,传播也会受到很大的限制。比如在美容行业,需要作者对美容相关的知识十分了解,并有着自己对美容独特的见解。

3.具有看点的营销案例

马云的阿里巴巴在美国纽约证券交易所上市,他本人一跃成为大陆地区的首富,多少人羡慕着他的成就,以他的成功作为案例写成文章,可能会很好的阅读量。

再如,小米手机一个月获取10万粉丝的案例,吸引到了大量受众主动分享到自己的微信圈中,也引得多家网站进行转载。成功的案例或者成功人士,更有说服力,更容易激发粉丝们主动分享的热情。

4.发表一些与大众认知不同的观点

这不是与大众认知唱反调,而是建议大家用不同的视角看待问题,拥有独立观点,不随声附和、人云亦云。我们要善于走出固定的思维模式,发表与众不同的观点。比如,人们都说:"穷养儿子富养女",这是主流论调,但是一定正确吗?我们也可以有着自己的见解"穷养女儿富养儿",只要我们说出自己的道理,并且有一定的说服力,也会获得人们的关注。

5. 最好能引起人们的情感共鸣

现实生活中的热门话题能引发了人们的共鸣。其实,写微信的文章也要能够创作出引发读者共鸣的内容,这样就能吸引更多读者的注意力,激发读者的分享热情。比如现在的教育问题、医疗保障问题、拜金主义、电商大战等,可以从这些方面入手,写一下自己的看法,这些会引起读者的共鸣,说不定我们的意见建议会被看到、被采纳。这样,不仅能够更好地利用微信传播,还会看到为这个社会做出的贡献。要紧抓热点时事,就要养成每一天阅读新闻的好习惯,这样才能抓住时事热点。

6.10 人工互动,从线上走到线下

很多微商总是忙着将大量的信息发送给一些潜在的客户,但是却忽视了与粉丝们的沟通。其实,仔细想一下,进行信息推送的目的不就是为了能够与粉丝们产生沟通的机会,进而增进了解吗?遗憾的是,很多微商并没有认识到这一点。微信营销的途径在于沟通,目的在于成交,但是如果只是推送一些自认为好的内容,却并不注重与粉丝们的沟通,那么粉丝们会很

容易产生视觉疲劳和审美疲劳，无法深入了解产品，更谈不上购买。

如果能够与粉丝们进行诚恳、认真地交流，粉丝就会体会到你的良苦用心，拉近彼此的距离。这样，粉丝对你的亲切感就会加倍提升，从而就会对你有很好的印象。

有些微商认识到了与用户互动沟通的重要性，也与粉丝们进行认真的沟通，但是往往不得其法。粉丝们问什么就答什么，没有什么真切的交流。这些微商以为做到了与粉丝们的互动沟通，其实不然。如果你是一个潜在的客户，想要了解一些关于产品的信息，但是，你对产品的性质、风格知之甚少，你的问题可能就很单一。你想了解更多，但是又不知道从何问起，这时微商只是简单地回答你的问题，你会不会对他失去好感？如果微商主动地询问你一些问题时，你的感觉又如何？

微信营销必须要主动创造与粉丝之间的互动机会。比如，可以询问粉丝更多的问题，这样可以增加对粉丝的了解。询问粉丝希望了解到什么内容，喜欢什么时间进行推送信息，还有粉丝们的一些建议等，这些是他们的切身感受，利用好这些信息，就会更好地服务粉丝们。

当微商与粉丝进行一对一的交流时，粉丝们感受到的是一种重视，尤其是与一些大品牌进行对话之时，感受到的不只是该品牌企业对粉丝的尊贵待遇，一种被重视的感觉，还增加了彼此互相了解的可能性。对于微商来讲，互动时也不能敷衍了事，要认真对待，认真询问粉丝们的问题和建议，为他们解决疑难问题的同时，还会让粉丝与你成为朋友。

有些人只是把微信当成一个延展自己、方便沟通的工具，并没有塑造一个真实、可亲、可信的自己。微信上，究竟是朋友圈还是生意圈？我们是微商还是分享者？如果不能在微信上行实现良好的沟通，也就无法从线上走到线下。

在微信上与粉丝互动，要运用恰当而巧妙的沟通技巧，方能实现良好沟通。

第一，打招呼，除非你跟对方很熟，或者之前已经打招呼要互加微信，否则在没有表明自己身份和来意的情况下就直接跟对方打招呼，会被认为是一种无礼、冒昧甚至骚扰的表现。千万不要认为别人见谁都想认识，更不要认为对方不加你就像欠你钱似的。类似这种"我是×××""加一下"的打招呼方式都是不太好的，建议打招呼内容包含礼貌用语、实名、事由，最好加上单位，对方不添加好友没关系，但至少留下个坦诚的好印象。

第二，要运用恰当的措辞。在线上交流，文字的方式有其直观方便的特点，但也因其无声、死板的特点给沟通造成一定的障碍，容易使得话语的内涵出现歧义，给双方的沟通带来障碍。这时，恰当的措辞就显得尤为重要。措辞要避免出现歧义是非常重要的，除此之外，多运用礼貌用语和表情符号是消除误会的最好方式。

在线上的互动中，最忌讳的就是一味地发送信息，而没有反馈或只有点赞、一味逢迎。微信不是只有自己表演的舞台，人需要互相捧场。既然用了微信，那么就要有心理准备：互动，永远没错、永远是最该做的事情。任何人在朋友圈和微信群里转发和分享，都希望得到别人的反馈。

人工互动的方式，越来越明显地表现为线上与线下的结合。在线下的互动，更多的是组织一些活动，让粉丝之间或者与企业进行沟通交流。在这方面，小米确实是成功的典范。小米不仅在线上与粉丝们进行大量的互动，在线下也会组织一些小米同城会，定期开展活动，让小米的粉丝能够将自己的意见建议或者问题与企业展开交流，这样不仅让企业更加了解粉丝们的需求，也有利于企业、有针对性地做好之后的微信营销。

6.11 微信营销要注意的误区

微信营销有着独特的优势，但是毕竟只是一个营销工具，我们都要理性地看待微信营销，不能将其神化。其实，做电商的朋友一直在谈论一个话题，就是微信营销的优化。要优化，就必须先指出微信营销的误区，下面就来梳理一些微信营销常见的误区。

1. 过度依赖

现在很多企业尤其是大型企业采用的是线上营销与线下营销互相配合的方式。同样，做微信营销不能单单靠微信来完成营销的全部过程。微信营销应该结合视频营销、事件营销、回忆营销、软文营销、电话营销等，只有这样才能得到良好的效果。

电话营销适合第一时间解答顾客遇到的疑问，在很短的时间内增加顾客的信任；视频营销适合在第一时间激发潜在顾客的购买意望，并且促使顾客马上订购产品。微信营销适合长期维持与顾客之间的关系，通过长期的沟通、交流、互动，取得顾客的信任。所以结合各种营销方法的特点，配合微信营销，打营销组合拳，发挥各自的优点才会使微信营销更有威力。

2. 不重视微信粉丝

对于微信营销来说，目标客户才有价值，成交80%取决顾客对产品需求的强烈程度，不是目标客户就不会认可产品的价值。

如果我们的产品不能吸引潜在的顾客，别人怎么会购买我们的产品呢？购买再多的粉丝都没有价值，重视粉丝的数量的同时更要重视粉丝的质量。如果还是停留在微博营销的思维上，只计算粉丝数量，终有一天无法将微信营销做下去。请记住，只有高质量的粉丝才有价值，才能真正转化为企业的利润。

3. 把公众号当作工具

错误地把公众号理解为群发信息的工具，就像短信群发、QQ邮件群发一样。这样的想法将无法将公众号做长久。其实微信的定位是一款交流沟通软件。同样，公众号也是企业和用户之间的交流、沟通工具，通过这个沟通工具，企业和用户之间的关系会越来越紧密。

4. 内容就跟宣传单一样

创作微信推送内容的目的就是为了赢得更多粉丝的关注，如果几乎每篇都在文章的结尾放了推销广告，这样明显没有照顾到读者的感受，读者也不会将文章分享到朋友圈。

如果你真想留住更多的读者，请打造完美阅读的体验，并要放弃所有推销用语。其实99%的人都把自己写的文章做成了类似于路边的传单，把微信弄成了一个广告的"天堂"。问一问自己，如果一直这样走下去，还会有多少人阅读你写的文章？这些问题都值得我们思考。

5. 推送的就是阅读率

我们知道微信推送信息的到达率是百分之百，可是我们却忽略了阅读率。粉丝关注的不仅仅是你，所以哪怕他们收到了你每天推送的信息，但是不一定会阅读，或者可以理解为过多的微信信息让用户无法逐一阅读，或者是快速忽略，或者用户并不是及时在线。

6. 机器人陪聊就是互动

不少企业以为机器人聊天或自动回复就是互动。其实这种做法欠妥。我们知道微信营销的一大好处就是及时互动性，商家可以跟消费者之间通过微信进行有效的沟通。但是，如果一直是机器人聊天，客户就会远离你。因为客户无法得到有针对性的问题解答。

第 7 章

传统行业的微信营销策略——利用微信进行营销的实战案例

7.1 银行微信营销：民生微信公众号推广，招商的一则广告

互联网对传统金融的影响已经愈加明显，并且在无声无息中改变了我们的日常生活。银行服务和微信营销最大的区别在于，服务是一对一、点对点的信息传递，而营销往往是一对多的信息推送。

随着微信客户群的不断增加，金融机构也开始尝试借助微信平台进行营销，于是"微信支付""微信银行""微信理财"等纷纷面世。"微信银行"并不是指某个银行的微信账号，它一般是指"微信用户 + 微信 + 银行"三者之间的互动，有的还包括在线支付平台和商家。

微信银行有很大的优势，方便快捷、操作简单，并且拥有庞大的客户群。只要手机在有网络的环境就可以随时随地使用微信银行办理业务。从客户群来看，微信银行的客户群更加广泛，由于微信平台上的用户都是银行的潜在用户，更容易吸引客户办理业务。

微信操作简单、方便，不受时间限制，提供24小时在线服务，方便快捷，而且降低了银行的服务成本，通过电子账单逐步取代纸质账单，提供低成本办卡、发放理财产品等方式来降低运营成本。微信银行能够在一定程度上提升客户体验，由于微信银行提供随时随地的办理挂失、查询等服务，速度快，用户体验的提升不言而喻，另外客户还可以预约服务，免除了在营业网点排队的困扰。

1. 民生银行微信公众号推广

民生银行微信公众号的优点就是在发挥低成本推广、低运营成本、跨平台开发等优势的同时,将客户经常需要使用的功能迁移到微信上,让金融服务更为便捷、快速。

民生银行公众号提供多样化的服务:借记卡账户余额、交易明细、开户行查询;信用卡额度、账单、积分、分期查询;理财账户查询等服务,还提供信用卡还款、转账汇款、办卡/贷款申请、理财产品选购、预约办理、网点查询及预约、生活缴费、手机充值等多样化、全方位的优质金融服务和生活服务,见图7-1。

图7-1　民生信用卡微信公众号界面

2. 招商银行《世界再大，大不过一盘番茄炒蛋》的广告

2017年11月2日，招商银行在微信投放的一则广告《世界再大，大不过一盘番茄炒蛋》在朋友圈霸屏了。

这则广告其实是招商银行为了推广自家的留学信用卡，由两段视频和4张海报组成，形式比较新颖。讲述了在外留学的儿子要给朋友做番茄炒蛋，但不知应该先放番茄还是先放蛋，微信询问母亲，母亲接到求助信号后立即起床一步步演示。在朋友不经意的提示下，儿子才意识到母亲的演示是跨越了半个地球的时差，几欲落泪。

对于这次营销，有人认为招商银行这一波在微信上的温情营销的确感动了在外打拼的游子，让大家产生情感共鸣，从而更信赖品牌。这样有创意的微信营销都被大家记住了，招商银行是成功的。

7.2 零售微信营销：佰草集化妆品行业的典范，糯米酒先生的糯米酒

1. 佰草集化妆品的微信营销

上海佰草集化妆品有限公司是一所专注于中草药美容的科

研机构。佰草集在零售微信营销中的做法可谓是行业中的典范，它通过微信公众号推出了各种活动，让佰草集的品牌传播得到了更大的推广。

（1）利用微信推出各种活动，让客户找到最适合自己的化妆品。例如，打开佰草集的公众号，在"活动礼遇"中有个板块"你就是女神"，很多女性客户在看到这个名字时，爱美之心会促使她们进一步查看并且参与活动。这是佰草集推出的肌肤测试游戏，用户可以通过划屏获得佰草集推送的测试题。在做完一系列的测试题之后，佰草集会给测试的"女神"推荐最适合的化妆品类别。

这样的活动深受广大女性的欢迎，而且这样的测试可以帮助用户明白什么样的化妆品是适合自己的，从而规避盲目购买。

这个活动获得了很多女性的支持和信赖，她们在自己的朋友圈中纷纷转发，也吸引了更多微信用户参与活动，让更多的人对佰草集有了深入了解。

（2）解答皮肤问题的护肤专家。佰草集在微信公众号的专属栏目里，推出了用户关于皮肤问题的解答专栏。不同的产品针对不同的用户，所以用户在针对自己的皮肤以及化妆品的选择和使用方面有很多问题，而佰草集就专门为用户准备了"一周问答集锦"的板块。

用户有问题可以在线提问，佰草集都会进行解答。通过这个专栏，用户不但了解了自己的肤质及选择化妆品的方法，而且佰草集专业解答和服务态度也得到了广大用户的认可，为佰草集获得了良好的口碑宣传。佰草集的门店积累了众多用户，公众号的建立更是注重与用户的互动，利用各种节日做促销活动,也是佰草集获得忠实用户的主要方法。

2. 糯米酒先生的微信营销

来自厦门的糯米酒先生是采用传统纯手工工艺酿造客家土楼糯米酒。早在2016年8月份就申请了微信公众号,在半年多的时间里,经过不短的累计,公众号已有近22 500名粉丝。

公众号是一个更精准、更专业的互动平台,但却缺少一个粉丝增长的内生机制,故获取粉丝的能力要比微博差。如何获取更多的粉丝,是我们一直想关注的一个问题。

为了锁定目标群体,并成为粉丝,糯米酒先生是这么做的:他花了些时间调查厦门当地的高端厨房、橱柜企业及其店铺信息,最终锁定了10个大品牌和20个中端品牌。随后他精挑细选了些店铺,便用近半年的时间深入到每家门店现场互动"拉粉"。

最初的想法就是,闲逛高端厨房橱柜的人多数是有点经济实力的,这个场合更加适合搭讪。他们根据自己的判断,一旦遇到合适的客户,便走过去主动搭讪,并递上印有二维码的名片,当场邀请客人关注,微信公众号的私密性较强,一般不用担心泄露隐私,因此多数人不会拒绝。

最后,糯米酒先生便施展攻心术,要求免费邮寄一瓶给客户试喝,因而同时获得了客户的第一手信息,他们会根据实际情况适度开展电话回访,进一步获得情感上的认可,最终取得客户信任。如此反复坚持,他们最终获得了400多位忠实客户,并在公众号上建立了互动关系。

糯米酒先生从不放过任何一个曝光自己账号的机会,当客户来电咨询时，他会直接告知账号，邀请客户关注，当然还有折扣、抽奖或线下体验等活动。同时，所有产品的标签上都印有二维码，方便客户关注公众号。

糯米酒先生在公众号里除了常规的酒文化介绍、酿造工艺等，还介绍糯米酒的喝法、功效、保健知识等，客户也会直接咨询或提出各种问题，商家会组织专人解答。商家还不定期组织线下体验活动，召集大家到客家土楼的酿造基地监督、考察，这也是调动粉丝参与的方法。

7.3 餐饮微信营销："海底捞"O2O营销的成功，星巴克接入微信支付

1. 海底捞微信营销

海底捞全称为"四川海底捞餐饮股份有限公司"，以川味火锅闻名。作为国内餐饮连锁店中最有口碑的连锁店，海底捞很早就采用O2O营销了。海底捞通过微博和评论网站，迅速聚集了大批粉丝。

2014年1月，海底捞的微信公众号正式推出，开始通过补贴每一位消费者，来促进微信支付，粉丝因此显著增加。

海底捞的微信营销，首先需要粉丝关注，然后提供丰富的内容、微信支付功能，拥有用户阅读量，进行微信营销活动。

海底捞的微信公众号主要定位三大栏目：发现、吃、玩。

在海底捞的公众号里，人们可以看到菜系介绍，还有指导人们找到最近店面的信息，顾客在公众号里就可以完成用餐的流程，包括订餐、点菜、排号、支付、外卖等。客户还可以通过微信对话，与服务员互动，比如请服务员提前准备红酒，提前放置儿童椅等。海底捞在微信公众号上还有一些与业务相关的小游戏，客户可以玩游戏打发等待的时间，还可以赢取菜品，使得用餐过程有趣，还能获得优惠。

海底捞有五种网络订餐渠道：网站订餐、手机APP订餐、微信订餐和支付宝公众账号订餐以及百度轻应用。由于微信的普及程度高，以及微信使用的便利性，目前微信订餐占到各种渠道总量的62%。

海底捞的公众号没有任何广告，他们会不定时发一些公益活动的公告，通过这些有意义的活动，将客户聚在一起。这个原则让海底捞的微信公众号看上去与其他企业的公众号有很大不同，受到很多人的认可。

2. 星巴克接入微信支付

2016年12月8日，腾讯和星巴克在广州宣布正式达成战略合作，微信支付将自即日起接入星巴克中国大陆近2500家门店。消费者可以在星巴克门店使用微信支付，和目前微信支付其他线下消费场景一样，消费者点上饮品后，只需通过打开微信付款。

2017年2月，星巴克新的社交礼品体验的产品——"用星说"上线，微信用户可随时随地与亲朋好友分享咖啡心意，这是全新的"社交消费+O2O"模式。

　　星巴克执行官表示："相信这一全新的战略伙伴关系将发挥星巴克和微信的优势,共同缔造一个真正线上线下紧密互通的社交心意传递体验,以独特而又极具影响力的方式加强我们与顾客的互动。正如星巴克实体卡在全球备受推崇一样,我们希望在中国的数字平台上,星巴克也能够成为顾客的心意之选。"

　　星巴克来多年来优秀的营销能力与产品体验在国内已经积累大量的优质的粉丝,超过2500家线下门店也通过微信缩短了用户与门店之间的距离,也缩短了用户购买一杯咖啡的时间。星巴克成为中国首家在微信上推出社交心意传递体验的零售品牌。顾客可以选择丰富多样、心意十足的星巴克好礼,并在分享给朋友时通过添加特别的话语等送出祝福,更便捷地为自己表达情意。这些心意与美好回忆都将留存在对方的微信账户中,并可以随时在星巴克门店进行兑换,尽享独特的星巴克体验,真正实现心意分享的数字化、社交化。

7.4　家电微信营销：飞利浦送红包，创维的"创维服务"

1. 飞利浦送红包

　　2015年8月6日,飞利浦"好色"系列显示器京东首发,微信线上发布会引爆互联网，飞利浦送数千元微信红包。在新品首发的前三天，飞利浦便开始组建微信社群，举行首次线上发布会。

飞利浦本次一共组建了20个微信群，邀请了上万名网友加入，同时还有各界媒体、网络红人以及飞利浦高层同时在线互动。飞利浦采用抢红包的方式来调动气氛，在20个微信群狂甩现金，网友热情也调动起来，异常热闹。

飞利浦还将首发产品信息制作成H5网页模式，直接推送到20个微信群，方便大家在线查看，了解产品详情。而网友们则将产品展示H5直接分享到朋友圈，达成二次传播效果，当日就有上千名网友参与转发分享活动。而飞利浦则在这千名网友中，随机抽选了60名幸运网友，赠送礼品。

飞利浦官微还与网友进行在线互动，现场回答网友疑问，介绍新品参数、报价、优惠信息等。全程同步直播，万人互动讨论，让消费者零距离参与到新品发布会中，并创下平均每分钟数千次的话题讨论纪录。

万人线上发布会与其说是互联网思维的创新，不如说是用户思维的转变。飞利浦"好色"显示器万人线上发布会打破行业传统的产品发布模式，大大增加了用户参与度，拉近了企业与消费者的距离。

2. 创维的"创维服务"

创维是中国知名的电视品牌之一，它早在2013年就推出"创维服务"微信公众号，用户无论是在网上购买还是在线下购买创维产品,均可通过"创维服务"微信平台提交安装请求。

用户通过微信关注"创维服务"微信号后,点击打开"服务"栏,便可根据自身需求,选择安装或维修服务,菜单中的家电类型、安装方式和用户信息大多采用点选式操作,服务请求可以简单快速地完成提交,这一系列操作均在手机微信客户端完成。

在公众号上"下单"后,创维随即会将服务时间及上门人员的信息反馈给用户,用户还可随时随地查询服务进度。到2017年,"创维服务"微信号粉丝已超过65万人次。

通过运营"创维服务"微信号,方便用户咨询和交流。通过搭建网站、微信、微博、电话等渠道,创维服务稳健提升对消费纠纷的解决力度,并健全完善网络交易在线投诉及售后维权机制,方便消费者投诉与咨询,提升消费维权效能。

7.5 媒体微信营销:《钱江晚报》

2016年,钱江晚报开展了"对话2016·钱江晚报智库论坛"的活动。这标示着"2016钱江晚报新媒体智服务"正式启动。钱江晚报已从单一媒体向融合媒体转变,从内容生产到运营内容的转变,从单纯的采编经营向'新闻服务'转变,实现全天24小时全媒体发布,本地热点、突发新闻,第一时间传递给用户。

钱江晚报推出微信矩阵，以钱江晚报官方微信公众账号为龙头，携26个子账号，组成矩阵，联手进驻微信。整个微信矩阵每天推送内容有数百条，互动活动数十个，涉及文艺演出、学生教育、心理测试、餐饮、娱乐等，累计吸引粉丝超过40万。

钱江晚报以用户为中心，重新设计了微信后台，由此实现读者向用户的转变。在这个平台上，钱江晚报对每个用户个体建立独立用户行为轨迹，然后对用户行为轨迹进行数据分析和挖掘，为用户生产更加精准、定位更加明确的新闻产品。

在钱江晚报微信技术平台改造上线的第一天，就积累了3500个真实有效的用户信息。一个月以后，真实有效的用户数超过2万。

钱江晚报官方微信账号和子微信形成的钱江晚报微信矩阵，实现了新闻与生活服务共存，较好覆盖了用户对信息、服务的需求。钱江晚报还在官方微信账号后台，设计了为矩阵成员"点赞"的环节，用户可以对20余个微信账号投"点赞"票表达支持。这样，可以清楚地知道哪些微信账号最受用户支持，对于运营垂直账号，有很大的借鉴作用。

在钱报微信矩阵中，还包括以"杭州房产""杭州吃货""钱报有礼"为代表的三个报纸电商账号，都是以本地化、服务化、电商化，建设自有电商平台，以微信为渠道开展营销。

"杭州吃货"立足于本地化的餐饮领域，聚焦饮食文化和特色餐饮店，粉丝数已突破3.5万人，其中90%以上为杭州本地用户，是本地餐饮垂直领域最大微信账号，也是本地最大的餐饮全媒体平台。

"杭州房产"同样是立足于本地房地产市场的微信公众账号，由钱江晚报地产传媒中心运营，通过自建平台，以微信为渠道，为买房刚需人群提供精准服务，为房地产企业提供专业的全案营销方案。

7.6 酒店微信营销：布丁酒店

2013年，布丁酒店成为第一家上线微信自定义菜单功能的生活服务提供商。布丁酒店的市场公关团队极其擅长调动用户情绪与微信运营。

布丁酒店是杭州的一个时尚、新概念连锁酒店。在互联网高速发展之时，布丁酒店依靠创新、自由、个性的特点赢得了众多年轻人的喜爱。事实上，在营销方面，布丁酒店也不拘一格，不但在实体店中摆脱传统模式，更在移动互联网发展迅速的当下，借助微信来改变营销模式，走上了一条个性化的微信营销道路。

在布丁酒店的微信中，不但可以在线订房，布丁酒店还推陈出新，为用户提供了创意的退房政策。微信零秒退房也显得非常有特色，在数字化的今天，线上线下需要及时打通，才能让营销出色。布丁酒店借助微信公众号推出了在线订房的O2O模式。而且这种方式能够很好地利用线上微信的其他更多功能。

普通酒店如果在微信中预订房间，那么想要退房，需要点击"我的预订"或者与微信客服沟通,或者打电话给酒店服务人员,报出自己的房间号或联系方式,确认之后才能退房。而布丁酒店则为用户提供了更完美的服务,"零"秒退房服务。用户点击"零秒退房",然后点击确定退房,那么当时即可成功退房。这种快速退房的服务,不但为用户节省了很多时间,而且还让用户意识到布丁酒店微信公众号的优势和特色,从而能够吸引更多的粉丝和客户。

布丁酒店在微信营销中以新意和个性自由的理念来吸引粉丝。布丁酒店没有推出预订、优惠券、促销活动等方式进行宣传,而是推出了布丁社区。这是一个集合了多种娱乐方式的社区,在布丁社区设有热门活动、唠嗑微社区、聆听微电台、返现大升级等活动。

布丁社区聚集了大量布丁酒店的忠实微粉,在这里他们可以和"阿布"一起讨论人生、爱情、时尚,甚至还能唠嗑、聊家常。在布丁社区中,阿布带领各种粉丝进行各种话题的讨论,非常热闹,为布丁酒店带来了浓厚的气氛,这个社区大大拉近了与粉丝之间的距离,让粉丝对企业有一种信任感和依赖感。

在"聆听微电台"中,布丁酒店为粉丝送上了一些让人轻松、休闲的电台内容。有了布丁社区的这些多样化的娱乐方式,布丁酒店再次赢得了粉丝的喜爱,同时也加大了粉丝对布丁酒店的黏性。

第8章

草根微信创业成功案例解析

8.1 大学生免费送葡萄，创建自己的水果品牌

聊城"90后"女孩孙云朵是一名新闻专业研究生，2015年8月，孙云朵在微信圈发了这样一则消息：微信扫一扫二维码，添加关注后，就可以领到一串香甜可口的葡萄。这样的事情听起来很诱人，但是确实也有不少聊城市民就通过这种方式吃到了免费的葡萄。

孙云朵家种植了500多亩的葡萄，当年的葡萄成熟后，市场上的销路并不是很好，价钱也相对比较低。家里人都很着急。孙云朵放暑假在家，看到这种情况，她就萌发了一个想法，那就是通过微信朋友圈等网络方式来销售自家的葡萄。

但是孙云朵想到一个问题：如果利用网络销售葡萄，首先就要有良好的营销策划，这是非常关键的一步。正好，她学的是新闻专业，她决定利用自己的朋友圈来造势，于是她发了一条名为《聊城5万斤葡萄免费送，女研究生帮妈妈卖滞销葡萄》的帖子。帖子发出之后，很快被广泛关注转发，前来她家购买葡萄的人逐渐多了起来。没过多长时间，她家的葡萄打开了销路，并和物流商合作解决了配送的问题。

葡萄的销路不愁了，但孙云朵还有一个更好的想法，那就是给自家的葡萄树立一个品牌。因为之前他们家的葡萄在成熟之后，大部分都被本地或外地的批发商直接以较低的价格收购，虽然葡萄卖出去了，但是利润率非常低。于是，她决定尝试新方法。首先，她注册了水果品牌"果优美"，并在微店上开设了店铺，通过微信进行网络宣传，进而提高自家葡萄的销

量和品牌知名度。

想要做好品牌推广，首先要别人了解自己的品牌，才获得别人的认可，于是孙云朵想到做一个免费送葡萄的活动来提高人气。于是，她制作了带有自己微信二维码的宣传牌，来到聊城的各大商场、小区和单位门口，通过让大家扫描二维码并添加关注免费送葡萄，来宣传自己葡萄的品牌。

孙云朵还是名学生，她说在暑假里的这一段创业经历让她感触很多，"既辛苦，又有意思"。经过这段微信营销的经历，她对创业充满了热情。开学后她还会帮家里经营好微店，在不耽误学业的情况下为自己未来的创业做好充足的准备。

她的微信营销策略就是，在自己的朋友圈发帖子，让更多的人去转发关注。首先，她利用自己的专业知识，通过朋友圈来宣传自家的产品；其次，她发的帖子没有直接宣传自家的葡萄有多好，让人们去买，而是用"免费送"和"研究生帮妈妈卖"这两个特点，抓住了人们的心理去关注自己，进而让更多人的去自己家买葡萄。

微商并不是简单地发发帖子就可以轻松地将东西卖出的，它也需要创新，用更好的思路来规划微信营销，这样才能吸引更多的人来关注，才能利用好微信营销。

8.2　思埠，微信创业的一个神话

8个月的时间里，思埠通过微信，从最早的3个人，到全国数百万的代理团队；从不足10平方米的车库，到拥有思埠大楼，年销售额达到了几十亿元，不得不说吴召国确实通过微信创造了奇迹。

"微商第一"这是网友给吴召国的一个称号。在吴召国看来，通过微博、朋友圈销售商品的微商是电子商务的一种形式，"中国目前有2000万微商，我们思埠的经销商90%以上都是草根，比如在校大学生、家庭主妇和残疾人等，某种意义上，微商就是为草根准备的营销模式。"

微商在现在是一个很流行的网络用语，"人人都是微商，人人都可以当老板"，这就是现在人们对微商的看法，吴召国说："微商是最微小的一群人做的生意，微小的商人就叫微商"。

那么吴召国是怎么做到微商里的第一的呢？下面我们来看看吴召国成功的方法。

1. 先人一步的胆量和见识

当微信营销刚刚开始的时候，很多人都抱着怀疑、观望的态度，都不想做"第一个吃螃蟹"的人，而这时吴召国却已经开始领先别人一步，走在了微商时代的前沿，及时抢占了微商的先机，使思埠成为微商最大的品牌。

2. 详细计划策略

之前，吴召国在做电商时，就对自媒体、微博、微信这块有所探索，摸清了一套微商运营模式。同时，他还吸引了许多渴望创业的年轻人、大学生等，他激发这些人的潜力才创造出思埠的神话和财富。

3. 丰富的经验积累

"并不是我比别人聪明，而是我懂这个行业，18岁入行，从化妆品原料采购、研发、生产、包装到推广等一系列环节，我都懂"。他的成功还离不开他10多年的从业经历和经验积累。

4. 团队力量和拼命精神

思埠团队化运作的时候，一些其他品牌还没意识到团队化运作的重要性，很多还处于单打独斗的零售阶段。吴召国说他和他的团队每天都要工作近20个小时，正是用这种"拼命"的精神，才能帮助思埠的梦想得以实现。思埠的整个发展离不开团队的努力。

8.3 健身哥两条微信卖出400盒咸鸭蛋

一个没有开过淘宝店，连网购都甚少使用的70后，如何通过微信这个平台，通过微信营销一夜蹿红的呢？一枚小小的咸鸭蛋，是如何引爆了朋友圈，引发怀旧思潮，并产生了实实在在的效益的呢？

一名健身哥利用两条微信就卖出了400盒咸鸭蛋，这的确令人惊奇。其实，刚开始他并没有太大的信心，尤其是一种新的营销平台。但是他的思维很独特，他认为咸鸭蛋最大的价值不在于营养，而是一种情感和味道，只要抓住客户内心，就能触动他们的神经，达到成交。

他的成功主要归结于下面几点。

1. 情感营销，利用微信朋友圈来挖掘人们内心的感情

他认为买咸蛋的人除了注重味道、是否腌制得好，还有最重要的一条就是有一定的情感在里面。他在朋友圈这样宣传："还记得我们小时候端午节吃的咸鸭蛋吗？现在的你还怀念那种味道吗？喜欢吃的朋友请留言，说出爱它的理由，送出十份咸鸭蛋。"就这一条简单的微信就引来了众多朋友围观和评论。

很多人在回复里纷纷说出他们吃咸鸭蛋的故事：有的说因为家里穷，只有端午节才可以吃上咸鸭蛋；有的说，因为一个咸鸭蛋她和老公在一起，一个爱吃蛋黄，一个爱吃蛋白等。好多朋友说喜欢吃蛋黄，那种流油的蛋黄，这才是一个好咸鸭蛋的"标配"，而健身哥的野鸭咸鸭蛋做到了。

正是这条微信，挖掘了很多人内心深处的故事，引起了大家的热切关注。在他送出了10份咸鸭蛋之后，他的咸鸭蛋生意有了很大突破。那些收到咸鸭蛋的朋友在朋友圈里积极分享

这些消息。可以说，送咸鸭蛋的做法起到了一个很好的宣传作用。

2. 利用朋友圈进行预热销售，让产品产生神秘感

健身哥在他的朋友圈开始预售咸鸭蛋的时候，他的朋友们也带去了不少好友，所以在朋友圈预热的时候同时发布，就会有一种影响力和效果。当天，健身哥就收到了300多盒的订单，一下子就引爆朋友圈。

在朋友圈卖东西，首先要有预热，要造成一种神秘感，这样才能引起大家的兴趣，吸引大家的关注。要学会造势，即先在朋友圈发布预售，等过几天才发货，这些都是造势。

3. 让朋友进行分享和推广，增加影响力度

健身哥在这么短的时间里卖出400盒咸鸭蛋，这其中单单依靠他一个人的力量是不够的。在他发布预售微信创业后，很多好友都在朋友圈帮助他分享和推广。所以在朋友圈营销，一定要借助身边的朋友，尤其是好友、有一定影响力的人去帮你推广。

4. 支付方式多样化，方便快捷

健身哥为了方便大家，采用多种支付方式，如AA付款、银行卡转账、微信红包、支付宝，甚至电话费都可以。

在微信上接单，要尽量满足客户的需求，把每个微信好友当作你的好朋友，认真服务，耐心解答，只有这样，人家在收到你的产品时，才会很乐意帮助在朋友圈去分享。

健身哥的成功不只是靠着微信获得成功，更重要的是他找到了一个更好的营销方式，利用人们的情感、朋友的力量，以及灵活多变的方式，使得他的咸鸭蛋能够在很短的时间内销量达到400多盒。

8.4 "有料"寿司店微信月入30万

在厦门，有一家叫"有料"的寿司店，虽然店面只有50多平方米，但是，寿司店的老板已经把这家店经营成了一家"明星店"。开业短短几个月，寿司店的月流水就达到了30万元。

那么，有料是如何利用微信月入30万元的？

1. 利用"好玩"创造出新思维

寿司店的装潢设计很是奇思妙想，店里的柜台上摆满了各式各样的公仔，商家把这些小公仔来充当桌牌号的功能，方便菜品"对仔入座"。店里面的"榴莲忘返"和"芒果之恋"是当时主打的两样菜品。

老板对自己店里的美食相当自信，他说："我们店半径300米范围内有7家寿司店，我们的口味可以排第2，不过最好吃的一家销量最差。"

"玩是一种基因，玩法不怕被模仿，我只要比你玩得好就够了"。那么老板是如何把微信营销做得这么好的呢？

原来，寿司店老板以前卖过服装、鞋子，也开过家居公司、广告公司。他在一次西藏旅行之后，突然想到了要在厦门开"有料"，这一切想法就是为了"好玩"而来。"有料"所有的活动，从策划构思、文案撰写，再到美工设计都是他一个人完成。

看看他是怎么来营造寿司店的经营策略的。临近春节，很多公司的员工纷纷抱怨公司没有人性化，不能提前放假，看到这种现象，这位老板立即推出了"晚归不怕来有料"的福利，任何凭借春节前四天的机票、车票来店里消费，统统打折。

三八妇女节，寿司店办了一场举"举哑铃大赛"，主题是"做自己的女神"，引来无数围观与掌声；寿司店的老板非常欢迎有技术的朋友来店门前摆摊卖东西，并且免费提供场地、茶水，并亲自帮忙吆喝，招徕客人。这样做吸引了大量的食客，做到了真正的一举两得。

2. 善于利用线上圈子来扩大影响力

寿司店老板从来不主动劝店里的客人转发店里的微博、微信，都是靠食客自发转发。老板认为"有料"的客户已经超越了粉丝，他们都是自己的朋友。后来，成员越来越多、一个群容纳不下时,"有料"的朋友们又主动分成了两个微信群,线上线下互动频繁。

3. 及时进行模式转换,才能够赢利

"有料"美食已经从普通餐饮业单一的贩售食品模式,转向多种周边产品赢利的复合模式。从寿司店用户的增长速度来看,已经初步预示出该寿司店的行业地位和号召力。有了数量可观的忠诚消费群体作为朋友,只要继续玩出新、出彩,就一定可以继续火爆下去。

寿司店的老板利用微信圈进行线上线下互动,靠的就是店面的人气和变化多端的活动。在现代社会快节奏的生活情况下,能找到一个既好玩又能吃到美食的地方真是不多,而寿司店就是利用了人们对"玩"的热爱,才慢慢地发展起来。同时,利用朋友圈互相传播,互相拉粉,形成了一种"裂变"模式,使圈子里面的人气越来越旺。

8.5 微信水果店月销水果价值8万元

果哥开了一家水果店,只是借用了一个小小的仓库。没有店面,没有售货员,合伙的是一个"90后"。刚开始他通过微博往外投送水果信息,然后通过微信收集订单,并负责采购和

送货。从开始只有4000元的月销售额,到后来已经突破每月8万元,可以说销售业绩直线上升。

果哥说:"目前每天接到的订单最多也就十几单,但客户通常都以家庭为单位,买水果至少消费100元。以这种方式订水果的基本都是年轻的小家庭,所以我们的水果也都定位比较高"。他认为,将社交平台和销售融合,会使客户关系更加紧密,对售后问题处理也更加容易、及时。果哥在收费送水果的时候经常会给人惊喜,比如免费品尝、送水果、送小礼品等,他的这些举动使他赢得了众多客户的赞誉,当然最为直接的表现就是微信粉丝人数的增加和销量的上升。

果哥的成功在于很好地利用了微信的一些常用功能。

1. 善于利用微信中"附近的人",并区分客户

果哥合理利用"附近的人"功能,坚持每天主动添加附近的人为好友。如果是学校周围的学生,他们就在备注里标记上价格,这样就能顺利地区分出来到底哪些是目标客户。

2. 坚持发"朋友圈",不定时推送健康文章

他还坚持每天发朋友圈,更新水果信息,他把朋友圈分为水果和生活、新品播报与产品展示、与同学间的新鲜事、校园周围新鲜事等类别,然后规划每个主题下每天发送的时间、次数和内容。而且还不定时发一些常见水果的吃法和注意事项,以及水果的营养价值等。

果哥善于观察和分析，他利用中国人对"免费"的东西都比较感兴趣的特点，在微信上推送一些免费品尝、免费赠送等活动消息，这自然会引起很多人的关注，而且这些免费的水果有些是直接送上家门的，试想一下还有什么能比这更好的？

　　然后，利用"附近的人"每天加好友是一个很好的拉粉措施，因为水果是大家生活中必不可少的食品，人们在看到有卖水果的来加微信，大多数人不会发生抵触心理，而且还会有人这样想：兴许他的水果会比下面超市里的还要新鲜、便宜。

　　所以，在进行微信营销的时候要善于抓住产品的特点来开展不同的营销方式。比如卖保险，如果通过微信"附近的人"来加好友，这样的效果不会太好。只有长时间的接触，面对面地聊天和讲解，才能让人们意识到保险的好处。所以我们在一条路行不通的时候，要及时改变策略，来达到更好的微信营销。

8.6 "95后"大学生用微信励志创业故事

　　郭玉静是一名"95后"的大学生，她利用微信平台卖水果，短短的时间就获得了很大收益。

　　她一直想自己创业，也曾经尝试过很多次。一次巧合，她知道了微信这个平台。她蠢蠢欲动，说干就干，她查阅了大量关于微信平台的一些资料，最后，她发现很多人都在微信平台上创业，而且微信营销的方式非常符合她自身的情况。

郭玉静看到，在微信上卖水果，可以省掉很多成本，而且微信是一个潮流趋势，肯定能收到很好的效果。有这个想法后，她就开始付诸行动。经过一个月的考察以及各方面的准备，郭玉静和朋友一起创办了名叫"校园哎呦嗨"的微信平台，这里面包括很多讯息，有音乐、笑话、视频，还可以查询天气预报等。一时间受到了很多人的欢迎，人们纷纷关注这个微信平台。有了客户后，郭玉静就开始筹备网上水果商城，她为其取名"幸福鲜果坊"，主要负责给同学们配送新鲜水果。

郭玉静还在学校的创业园里拉上了"校园哎呦嗨，幸福鲜果坊"的条幅，使过往的人都能够看到。她还在办公区里，摆上电子秤、水果刀、各种成箱的水果、保鲜膜，还有用来切水果的案板。一些想要下单的同学可以扫描二维码，或者是直接搜索"校园哎呦嗨"，就可以找到他们的平台，然后就能够根据自己的喜好选择水果，还可以选择洗净、削皮这样的服务。他们在接到下单后会非常迅速地送达。因为水果的保鲜时间比较短，因此郭玉静团队每次都只是进少量的货，以保证水果非常新鲜。因为服务好，水果新鲜，很多同学都非常满意。因此，短短一个月时间的经营，郭玉静的微信粉丝就达到上万。

尽管郭玉静的"校园哎呦嗨，幸福鲜果坊"经营非常顺利，但她也没有停止学习别人的微商经验。郭玉静经常向那些比他们开办早，已经相对成熟的微信创业者请教学习，希望自己的微信营销能够做得更好。

随着业务量的增多，郭玉静对每个人的分工更加明确，专门设置了财务部、技术部、市场部、宣传部。每个部门都有各自的职责，而且还专门找了负责配送的人员，还为其配置了电动车。这样一来，配送速度就快了很多，水果也就能够更加及时地到达同学们的手里。因为他们的水果事业风生水起，很多同学都纷纷加入进来，因而利润就增加了很多，有时候一天可以赚到1000元的净利润。两个月的时间他们甚至已经赚到了40万元，这还是去掉各项开支的净利润。

后来，郭玉静正式成立了公司。他们依靠前几个月的积累经验和团队的不断扩大，将目光瞄准了校园市场上的其他商家。尽管刚开始非常困难，但是通过跟其他商家的合作，他们渐渐地从校内线上的点对点售卖商品，变成了现在构建网络平台全面推广线上移动购物，这样的转变使他们的公司在校园内部一炮而红。甚至学校内80%的商户都和他们建立了稳固的合作关系，但是郭玉静并不因此而满足，他们还在持续开拓校外市场。

郭玉静带着自己的团队，从最初的微信平台三个人的小团队到现在成立二十多人的互联网公司，年利润达几百万元。一步步走来，他们的发展已经非常成熟，获得了相当大的收益。他们曾经遇到过波折，但是他们没有放弃，一直坚持了下来，最终他们获得了成功。

郭玉静的微信创业成功离不开不断思考、发现，以及团队的凝聚力。做微信开发、移动商城的应用技术并不是独一无二的，只有精雕细琢的技术，再加上营销推广与技术维护的后期服务，才能让客户满意。

郭玉静创业的成功，吸引了众多商家前来合作。这使他们的"校园哎吆嗨"团队发展得越来越好。同时，他们也开发了针对不同企业的行业特色，为其提供"私人定制"的服务，让每个客户都能够享受到不一样的服务，同时也能够吸引客户流。

郭玉静利用微信平台这种模式，取得了很大的成功，但是她的成功也不是偶然的，因为她善于抓住别人看不到的商机。在最初的平台里，他们不单单卖水果，更重要的是在这个平台里有很多关于学习的讯息，在微信平台上推送一些有用的消息会让学生感觉这个平台很有用处，关注的人自然就多了。而且在这个平台上还有音乐、笑话、视频，还可以查询天气预报等，也给学生增加了一定的娱乐项目，不会在微信平台上感到无聊、乏味。

善于创新、懂得改变是郭玉静成功的又一重要原因。当有了知名度，打开销路之后，郭玉静改变了营销模式，选择了连锁加盟，靠着多年的经验，来推动学校创业学生的加入，使得自己的微信平台走向了更为广阔的天地。

8.7 微信卖米3个月200万

富军是一个从小山村出来的山东汉子，刚开始是做五金生意的，后来考上大学，并且在上海白手起家，从不懂一句英语开始，到每年完成一个多亿的国际订单，从而最终在上海找到一方立足的天地。

富军卖大米，纯属偶然。他太太的家乡在东北，所以在家里做饭吃的大米基本上都是从东北老家寄来的，有时候吃不完送给朋友、邻居，大家都觉得这米和超市的米味道不一样，比市面上的米好吃。

有一次，有人跟富军开玩笑："你这个金牌销售，啥时候做点更有意义的事？把家乡的好大米推广出去，让我们认识的人都能吃得健健康康的。"富军受到了很大的启发，从此开始了自己的米商生涯。

而他就是从微信朋友圈开始了自己的卖米道路，在三个月的时间里，他一个人就卖掉了10万斤各式各样的米，总价值接近200万元。他创造了有机大米的品牌，发展成了有300个长期客户、2万名潜在高端客户的大米品牌。并且在圈子里富军已经成功打造出这么一个形象：买有机好米，找富军！他是怎么做到的呢？

1.通过户外旅游，添加微信好友

首先富军考虑的是有粮在手，但往哪送是一个问题。福军就想到了一个好办法，有一次户外旅游，他和队里的同学进行比赛：到了指定地点，看谁能先收齐三十个微信号。一周的户外之旅，富军的微信好友发展到一千多名。户外活动在一定程度上加深了微信好友的感情。所以他尝试在朋友圈内介绍自己的大米时，效果非常好。

2.利用赛事进行事件营销

富军在推销大米的时候，没有遭到大家的反感，相反人们记住了这个自信、乐善好施的"卖米人"。

他还在商学院的微信朋友圈中创出了一个良好的公众形象。他的好友已经加到了3000人,而实际见面超过三次的还不到10%。因为大家都知道他是商学院里卖米最有名的人。

随着微信好友的迅速扩张,线下的互动也变得重要起来。一次,上海举行国际马拉松的时候,富军来了一次灵感。他想把跑步和卖米结合到一起,以此来达到更好的宣传。于是富军决定继续强化自己的个人形象,自己亲自上阵。

于是,在这次马拉松赛场上就出现了一只背着米袋子奔跑的"愤怒的小鸟"。这个米袋子上浑身贴满了带有二维码的小鸟,这一举动很快就吸引了大量媒体的关注,连上海马拉松最美丽选手廖智都来合影,这个"米老板"登上了各大新闻头条,一时还成了新闻热点人物。

人们在微信朋友圈跟他打招呼,说得最多的就是:"富军,我认识你,你家大米我吃过,很好,我要定一年的。"经过不懈努力,富军累积了全年订户200个,销售大米200万元。这真的是他一个人创下的成绩。

3.坚持发朋友圈

富军的朋友圈消息维持在每周6条。有人问:"每天在朋友圈吆喝自己的产品,会有人反感吗?"富军回答:"有,但是更多人给我点了赞,并且每天我都有大米订单。嫌我烦的朋友们也无非是亲切地和我调笑一下:富军跌进米缸了。有时候看到我发大米的消息,他们还会友好地提醒我:富军再说话,禁言三周!"他说:"因为大家信任我富军,所以信任我富军卖的有机大米，他们认可我这个人，然后认可了我创造的粟米品牌。"

富军卖米的故事告诉我们，创造品牌有时不需要花太多的钱，熟悉"微信"的运作方法，照样可以实现好的收益。

微信营销成功的关键因素就是朋友圈里的人要足够多，这样产品才能更好地销售出去。富军利用和朋友在户外旅游比赛加好友的方式，获得了很多好友。这是一个很好的加友方式，因为这些人有共同的爱好，无形中就增加了感情，缩短了距离感。所以当看到富军在朋友圈发卖米的信息的时候，这些人的第一感觉就是"我可以买点试试，也算是帮朋友"。所以很多人都会买富军的"账"，自然销路就不愁了。

与此同时，富军的大米产品质量的确不错，这也是其获得众多回头客的原因。同时，客户也会帮富军在朋友圈免费转发宣传，这就形成了一个很好的连锁反应。此外，富军也善于利用事件营销，利用马拉松把自己装扮成一个背着米袋子的愤怒的小鸟，一时间就成了当时的焦点。这就为富军的大米品牌奠定了一个很好的基础，也使他卖米的事业迈出了一大步。

8.8 高哲微信界创造出"智能穿戴传奇"

和大多数人一样，在还没有成功之前，高哲也是一名普普通通的年轻人。高考失利，让他难以承受，心情低落。但他没有沉沦下去，毕竟生活还得继续。他是一个头脑灵活的人，不会一度听取别人的意见,他选择坚持自己。

诚如任何事情都不可能一帆风顺,最初,朋友的反对,父母的不理解,无疑都是一种压力,但无论如何,高哲都打算坚持自己。他很清楚选择产品是最重要的。他开始关注如何选择正确的产品,结合大部分做微商人群的选择,认真调研,仔细甄选。经过了三个月的调查,结合自己的理念,一个偶然的机遇,让他选择了"念家健康"。

第一步完成了,接下来就是"如何做",这是一个长期的过程。首先他需要清楚了解"念家健康微商学院"的资料,如何推广。刚开始都是一个学习的过程,什么都不懂,只有勤奋努力来充实自己,为后来打基础,每天一边学习一边工作,渐渐总结出了自己的方法,第一步是申请自己的公众号,而不局限于朋友圈,每天更新干货类文章,建立各类产品素材。

配合推广的同时,适当组织代理商举办营销推广课程。后来他成功地招募到了188个代理商。他用每天推送干货的方式把他们培养成忠实用户,就这样,他的代理商越来越多,粉丝也迅速增长。现在他的付出得到了丰厚的回报,他已经开始在课堂上给别人讲微商的成功之道。对于微商的未来发展他依然坚信,没有选择和付出就不会有现在,努力才会有收获。

微商已经成为一种趋势。似乎每个人的微信朋友圈都有那么几个一直兢兢业业、屹立不倒的微商。随着社交平台不断深入公众生活,对用户消费决策的影响也日渐显现。人们也渐渐接受了这种模式,足不出户看到各种产品。微信是基于移动社交平台发展而衍生的"去中心化"的电商形态,开启了个人基于社会化媒体的新型电商模式。现在微商越来越火有越来越多的人对它感兴趣。

微信让很多年轻的草根都有一个梦想,都有一个希望,渴望能够自由自在地生活,自由自在地赚钱,选择在微信这个简单的工具中做销售,不必为没有店面等硬件条件而搁浅。

只有正确的选择,加上自己的坚持和努力,才能取得成功。微信之所以成为很多草根选择的创业之路,一个很重要的原因就是成本低。中国网民在线购物与移动购物习惯已经形成,这为微商发展奠定了基础;相对淘宝而言,微商门槛低,运营成本更低,商家开始从被动形式转型为主动营销;社交平台的分享属性为微商提供了良好的发展机遇。所以就成为很多人尤其是草根族想要成功的途径。

容易做不代表都能做,微信营销不是人人都能成功。大部分人都去做的事,无异于万人过独木桥,势必有很多人摔下去。能在这么多人中走到最后,可以想象要付出多于别人多少倍的努力。

在互联网日益壮大的今日,微商已经成为一种趋势。而怎么在这么多人中脱颖而出,是现在做微商人群首要考虑的。高哲没有盲目跟风,而是先经过市场调查,总结前人经验,分析市场形势,慎重选择产品,然后才开始进行深入解析自己的产品,总结方法,走出自己的路,学习各种知识,深入了解这个行业,建立自己的公众号平台,每天进行产品宣传,发展自己的代理商,定期为代理商举办营销推广课程,就是这样一步步地走下来,他才有了后来的成功。正如他自己所说的:成功不会一蹴而就,而是脚踏实地的干劲与冲劲换来的。没有选择与努力,何来成功?

微信营销是用微信来销售自己的东西，销售自然而然就需要顾客，这就引出了客源的问题，很多实体店会通过VIP会员的形式留住老顾客，从而吸引新顾客。对于微商来讲也是一样的，因此就要坚持更新内容，从而吸粉，并且不掉粉。高哲每天都会更新自己的产品知识，让他的顾客和潜在顾客看到，建立自己的粉丝，争取发展成自己的代理商，一传十、十传百，一旦他们需要，就会找到他，这会形成一种潜意识。人们总是潜意识地相信自己知道的东西，有可能仅仅只是听过。将一件简单的事重复一遍容易，而坚持一百次则不容易。试想一下，如果有这样一个天天给你发布类似信息的人，你会记不住他吗？

做微商其实就是在销售自己的人格、个性、知识、人脉、圈子。如果有了一定的粉丝群体，销售会非常简单。同时，必须让自己成为一个品牌。让陌生人成为粉丝，让粉丝成为你的客户，这才是微商需要的效果。微商不是一朝一夕就可以看到效果的，贵在坚持！

所以说，微信创业贵在选择、努力与坚持，缺一不可。如果高哲那时候听从了父母和朋友的意见，选择复读，那将又是另一种人生，也就不可能创造出"智能穿戴传奇"。当然，如果选择过后，自己不努力、不付出，也不会有现在的成就，只能淹没于人群，所以说他的成功源于自己一步步地选择、努力和坚持。所以说，一种选择，即一种人生。

高哲敢于冲破思想的枷锁，放下对于别人的不理解，勇敢选择自己想要的；他认真钻研、思考，不只是顺着别人的路盲目地往前走；他总结前人经验，取长补短，最终创造出"智能穿戴传奇"，为自己赢得了成功。